Wolfgang Martynkewicz

Amerika erzählen

Besuche in der Neuen Welt – von Sartre bis Adorno

— edition essay —

Wolfgang Martynkewicz

Amerika erzählen

Besuche in der Neuen Welt – von Sartre bis Adorno

Bibliografische Information der Deutschen Nationalbibliothek
Die Deutsche Nationalbibliothek verzeichnet diese Publikation in der Deutschen Nationalbibliografie; detaillierte bibliografische Daten sind im Internet über www.dnb.de abrufbar.

ISBN 978-3-96707-954-8

Umschlagabbildung: Vincent Lopez: »Lighting« (Empire State Building at night, 1937) Library of Congress Prints and Photographs Division Washington, D.C. 20540 USA
Umschlagtext aus Hannah Arendt: Zur Zeit. Berlin 1986. Mit freundlicher Genehmigung der Mohrbooks AG Berlin.

Levelingstraße 6a, 81673 München
www.etk-muenchen.de

Satz: Claudia Wild, Konstanz
Druck und Buchbinder: BELTZ Grafische Betriebe GmbH, Am Fliegerhorst 8, 99947 Bad Langensalza

Inhalt

Etwas passiert

»Die Propeller drehen sich schneller und schneller, die Motoren heulen auf [...]. Ja – es ist passiert. Ich fliege nach New York.«[1] Am 25. Januar 1947 sitzt Simone de Beauvoir im Flieger Paris – New York. Eigentlich war der Abflug schon einen Tag vorher geplant, aber der Start wurde, wie es offiziell hieß, wegen schlechten Wetters, verschoben. In Wirklichkeit gab es, wie sie später erfährt, Probleme mit dem Motor. Transatlantikflüge im Linienverkehr begannen sich gerade erst zu etablieren und waren alles andere als Routine. Im Propellerzeitalter gab es noch keine Nonstop-Flüge. Zum Auftanken musste die Maschine zunächst auf den Azoren zwischenlanden. Dann kam die Atlantiküberquerung, neun Stunden über scheinbar endlose Wassermassen. Es folgte ein weiterer Zwischenstopp auf dem internationalen Airport Gander im kanadischen Neufundland, zu dieser Zeit der größte Flughafen der Welt, erbaut in menschenleerer Wildnis als Drehkreuz für die Transatlantikflüge. Von hier aus ging es die Küste herunter Richtung New York.

Die gerade neununddreißig Jahre alt gewordene Beauvoir war nervös, angespannt. Sie wollte sich Amerika aus der Luft annähern, sich ein Bild von oben machen und die Skyline von New York sehen, aber kurz vor dem Abflug ist ihr doch ein wenig mulmig. Und sie wurde noch aufgeregter, als sie »das riesige Flugzeug sah, imposant wie ein Schiff«.[2] »Etwas passiert«,[3] schreibt sie in ihr Reisetagebuch – und nun passierte es:

»die amerikanische Küste, ein wunderbar reiner Himmel, extravagante Wolken, durchbrochen von blauem Wasser und flachem Land. [...] Ich habe noch ein bißchen geschlafen, und als ich die Augen wieder öffnete, hat mein Herz einen Sprung gemacht [...]: so weit das Auge reichte die Lichter von New York, rote, blaue, grüne unbewegliche oder funkelnde; wie Schmuckstücke oder glasierte Bonbons«.[4]

Im Mai 1946 hatte Beauvoir den surrealistischen Schriftsteller Philippe Soupault kennengelernt, der gerade in Nordamerika im Auftrag de Gaulles die neue Agence France-Presse (AFP) aufgebaut hatte und nun im französischen Rundfunk arbeitete. Soupault stand in Kontakt mit amerikanischen Universitäten und bot sich an, Beauvoir Einladungen zu Vorträgen zu verschaffen. Für die Kosten sollte die Kulturabteilung des französischen Konsulats in New York aufkommen. Seit Mai 1945 residierte dort der Anthropologe Claude Lévi-Strauss als Kulturattaché in einem pompösen Herrenhaus in der Upper East Side. So konnte Beauvoir als Grund ihrer Reise Vorträge angeben – und auf die Frage des Beamten der Einwanderungsbehörde: »Worüber?«, antwortete sie »Philosophie«.[5]

Als Simone de Beauvoir nach Amerika aufbrach, hatte sie drei Romane geschrieben, ein Theaterstück und philosophische Essays. Damit war sie in den intellektuellen Kreisen in Paris bekannt geworden. Sie verkehrte regelmäßig im berühmten Café de Flore, wo sie an ihren Texten schrieb und sich mit Freunden traf. Bekannt war sie aber vor allem auch als Frau an der Seite Jean-Paul Sartres, der gleich nach dem Ende des Zweiten Weltkrieges zur Ikone des Existentialismus aufstieg. Sartre und Beauvoir gründeten 1945, zusammen mit einem Kreis befreundeter Intellektueller, zu denen Maurice Merleau-Ponty, Raymond Aron, Michel Leiris und der Journalist Jacques-Laurent Bost gehörten, die literarisch-politische Zeitschrift »Les Temps Modernes«. Bei dem Namen ließen sie sich von Chaplins Film »Moderne Zeiten« inspirieren, einer der Lieblingsfilme von Sartre und Beauvoir. Die Zeitschrift »Les Temps Modernes« sollte dem Existentialismus eine Bühne bieten und einer aus dem Krieg gekommenen ›verlorenen Generation‹ Orientierung und ein neues Selbstbewusstsein geben. Denn obgleich nach den Kriegsjahren die Sehnsucht nach Freiheit groß war, hatte kaum jemand einen Sinn für Politik.

1943 war mit Sartres »Das Sein und das Nichts« die theoretische Programmschrift der jungen philosophischen Richtung erschienen, und seitdem war der Existentialismus das Gesprächsthema unter den Intellektuellen – nicht nur in den Pariser Cafés machte die neue Denkrichtung Furore, auch über die Landesgrenzen hinweg nahm man den Philosophen jetzt wahr. Simone de Beauvoir war nicht nur die intime Kennerin dieser Denkrichtung, zusammen mit Sartre hatte sie die Theorie entwickelt und befördert. Kurz bevor sie nach Amerika flog, erschien unter dem Titel »Der Existentialismus ist ein Humanismus« Sartres legendärer Vortrag, den er, veranstaltet vom Club Maintenant, am 29. Oktober 1945 im Saal Les Centraux in Paris gehalten hatte. Das Publikum war Schlange gestanden, der Saal überfüllt, der Redner hatte sich erst zum Podium durchkämpfen müssen. Nach dem Sieg über Nazi-Deutschland, der politischen Befreiung, erläuterte Sartre die Schlüsselbegriffe des neuen Denkens, insbesondere auch seinen Begriff der Freiheit. Der Existentialist, so Sartre, definiert den Menschen »durch seine Handlungen«, »durch seine Tat«,[6] nicht »die Träume, Erwartungen, Hoffnungen« des Menschen zählen, sondern die »Wirklichkeit«.[7] Nur im Handeln liegt die »Hoffnung und nur die Tat«[8] erlaubt es dem Menschen zu leben. Sartre propagierte eine Philosophie, die auf das Subjekt setzte, auf das Schöpfertum, den Selbstentwurf. Der Mensch muss sich entwerfen, sich schaffen, er ist nicht von Anfang an fertig, er muss wählen, und dabei ist er auf sich selbst gestellt. In diesem Zusammenhang fiel der berühmte, später immer wieder zitierte Satz, dass »die Existenz der Essenz vorausgeht«.[9] Der Mensch ist zunächst nichts, er muss sich definieren: Er ist »nichts anderes als das, wozu er sich macht«.[10] Das sind die Leitgedanken einer Philosophie, die ihr Credo auf die freie Wahl gründet, der Mensch »ist frei, weil er wählen kann«,[11] und er wählt auch, wenn er nicht wählt. Und da wir selbst wählen, tragen wir auch die Verantwortung für das, was wir wählen.

Dass wir unser Sein wählen und nicht einem Schicksal folgen, das wir annehmen und ertragen müssen, diese These Sartres forderte zu Kontroverse und Widerspruch heraus, zumal in einer Zeit, in der viele Menschen von ihrer Verantwortung nichts wissen wollten und sich wegduckten. Aber die Ethik, die aus diesem Denken folgte, hatte auch etwas Faszinierendes, wenn alle Hoffnung im Handeln begründet liegt, dann können wir in jedem Moment unser Leben verändern und uns aus dem lösen, was wir sind. Als Simone de Beauvoir nach New York fliegt, war das ein Motiv. Sie will, so heißt es im Reisetagebuch, das sie 1947, nach ihrem Aufenthalt in Amerika, schreibt, handeln und aus ihrem »Leben heraustreten«.[12] Und New York ist dafür das Experimentierfeld, denn New York ist für sie nicht einfach eine Stadt in der Welt, New York ist ein Phantasma, »eine sagenhafte Stadt«, angesiedelt »zwischen Wirklichkeit und Legende«.[13]

Beauvoirs Bild von Amerika[14] hatte mit den tatsächlichen Verhältnissen wenig zu tun. Sie kannte Amerika aus der Literatur und aus Filmen, insbesondere aus den Erzählungen Jean-Paul Sartres, auf dessen Spuren sie in Amerika wandeln möchte, auch der gemeinsame Freund Jacques-Laurent Bosts war in den USA und zuletzt, von März bis Mai 1946, auch Albert Camus. Von der Idee, nach New York zu fliegen, war sie in dieser Zeit, als Europa mit den Kriegsfolgen zu kämpfen hatte und darniederlag, elektrisiert. »Frankreich und Italien gingen noch in Sack und Asche. Die Schweiz war langweilig. Der amerikanische Luxus warf mich um: die Straßen, die Auslagen, die Autos, die Frisuren und Pelze, die Bars, die *drugstores*, die grellen Neonlichter, die riesigen Entfernungen, die man mit dem Flugzeug, der Bahn, dem Auto, mit den Greyhound-Bussen bewältigt, die abwechslungsreiche Pracht der Landschaft, vom Schnee des Niagara bis zu den flammenden Wüsten Arizonas, und die verschiedenartigen Menschen, mit denen ich mich tage- und nächtelang ausführlich unterhielt.«[15]

Sie wollte Amerika entdecken, für sich entdecken. Schon vor ihrer Reise war sie davon überzeugt, nicht nur in ein fremdes Land, sondern in eine andere Welt einzutauchen. Und so läuft sie anfangs mit einem »bezauberte[n] Bewußtsein«[16] durch New York – unsicher, ob dieses von ihr imaginierte New York wirklich existiert: »ich sehe nach Brooklyn hinüber und fühle mich glücklich. Brooklyn existiert, auch Manhattan mit seinen Wolkenkratzern, und am Horizont das ganze Amerika.«[17]

Wir haben gesiegt!

Amerika leuchtete

Im Januar 1945 war der Krieg noch nicht vorbei, eines aber war gewiss: Amerika würde als strahlende Siegermacht aus dem Zweiten Weltkrieg hervorgehen. Vier Jahre nach Kriegseintritt hatte sich das Land neu erfunden. In den Dreißigerjahren erlebten die Vereinigten Staaten einen bislang nie dagewesenen Niedergang. Mit der Weltwirtschaftskrise und der sich anschließenden großen Depression schien der amerikanische Traum zu Ende geträumt – alles lag darnieder, massenhafte Arbeitslosigkeit, Vernichtung von Existenzen, Hunger und Elend, Angst, Apathie und Untergangsstimmung prägten diese Zeit. John Steinbeck hat die Stimmung am Rande des Abgrunds eingefangen und zu Literatur gemacht. »Von Mäusen und Menschen« und »Früchte des Zorns« wurden Ende der Dreißigerjahre zu Bestsellern. Erst um 1940 setzte eine allmähliche Erholung der Wirtschaft ein.

Diese Phase wurde mit dem Überfall der japanischen Kampfflugzeuge auf den US-Marine- und Luftwaffenstützpunkt Pearl Harbor auf Hawaii am 7. Dezember 1941, bei dem über zweitausend Soldaten ums Leben kamen, unterbrochen. Was die Opfer und das Moment der Überraschung angeht, kann man den Angriff der Japaner mit den Terroranschlägen vom 11. September 2001 vergleichen. Beide Ereignisse haben tiefe Spuren in der amerikanischen Gesellschaft hinterlassen und eine umfassende Transformation ausgelöst.

Einen Tag nach dem Angriff, am 8. Dezember 1941, hielt Präsident Franklin D. Roosevelt seine berühmte Rede, er sprach angesichts des politischen und militärischen Versagens von einem Tag der Schande (»Day of Infamy«). Bis zum Überfall der Japaner waren die Rüstungsausgaben gering und in der Bevölkerung höchst unpopulär. Isolationistische Tendenzen herrschten vor. Das änderte sich mit Pearl Harbor. Aus der Zivilgesellschaft wurde innerhalb kürzester Frist eine Kriegsgesellschaft, die in Bereitschaft lebte und auf alles gefasst war. Das Militär, das lange Zeit im Hintergrund stand und gesellschaftlich keine große Rolle gespielt hatte, wurde nun zum bestimmenden Faktor. Infolge des Angriffs kam es in der amerikanischen Gesellschaft zu einer ungeheuren Dynamik, die nicht nur Militär und Politik, sondern die gesamte Bevölkerung erfasste. Wer immer konnte, meldete sich als Freiwilliger. Firmen stellten ihre zivile Produktion auf Kriegsproduktion um. Der Krieg wurde als totaler Krieg geführt und unter großen Opfern gewonnen, über 400 000 amerikanische Soldaten starben auf den Schlachtfeldern, vornehmlich auf den Schlachtfeldern Europas.

Anders als Europa wurde Amerika – sieht man vom abgelegenen Marine- und Luftwaffenstützpunkt Pearl Harbor auf Hawaii ab – nicht zum Schlachtfeld. Im Land selbst gab es 1945 keine Spuren der Zerstörung, keine zerbombten Städte, keine Knappheit an Strom und Wasser – alles war da. Amerika war ein intaktes Land, ja mehr noch, es war das einzige Land, das wirtschaftlich gestärkt aus dem Krieg hervorgegangen war: Amerika leuchtete.

Die Siegermacht stellt sich vor

Jetzt, wo der Frieden in greifbarer Nähe war, wollte man sich den Europäern von der besten Seite zeigen und als Leitbild präsentieren – Leitbild für ein Europa, das, im wahrsten Sinne des Wortes, in Trümmern lag und mühsam wieder auf die Beine zu kommen suchte. Das State Department hatte eine Gruppe französischer Journalisten eingeladen, die am 12. Januar 1945 aus Paris kommend in New York eintrafen. Eine nicht ganz selbstlose Einladung – die Amerikaner unternahmen nach dem Krieg große Anstrengungen, ihr Renommee als Kulturnation aufzupolieren – und sie kannten die Vorbehalte der europäischen Intellektuellen, insbesondere der Franzosen.[18]

Fast alle aus der französischen Gruppe waren politisch engagiert, kamen aus der Résistance oder standen ihr nah. Bekannte Namen waren darunter, wie die Journalistin und Schriftstellerin Andrée Viollis, die als Korrespondentin die Welt bereist und berühmte Reportagen über Russland, Indochina und den Spanischen Bürgerkrieg geschrieben hatte. Viollis verstand sich als Feministin, engagierte sich gegen Faschismus und Nationalsozialismus. »L'Humanité« hatte sie als Sonderkorrespondentin nach Amerika geschickt. Wie die Akten des FBI zeigen, stand sie bei ihrem Aufenthalt unter besonderer Beobachtung.[19] Bei anderen Gästen aus der Gruppe gab es weniger Bedenken. Pierre Denoyer hatte lange Zeit als Korrespondent in New York und Washington gearbeitet, er galt als Experte für Nordamerika, war Kriegsreporter der US-Navy im Pazifik und schrieb unter anderem für »Le Figaro« und »France-Soir«. Die Amerikaner schätzten ihn als Freund und kompetenten Gesprächspartner. Zur französischen Delegation gehörten auch Robert Villers, der Schriftsteller und Journalist François Prieur, der Journalist und Drehbuchautor Stéphane Pizella, Louise Lombard und die Journalistin Étiennette Bénichon.

Eher am Rande der Gruppe bewegte sich Jean-Paul Sartre, von Haus aus war er kein Journalist, hatte bisher als Lehrer gearbeitet und Bücher geschrieben. Sartre stand kurz vor seinem vierzigsten Geburtstag und war im Begriff seinen Lehrerberuf aufzugeben, um sich ganz auf seine Arbeit als Schriftsteller und Philosoph konzentrieren zu können. Für »Le Figaro« und für die von Albert Camus betreute Zeitung »Combat« sollte Sartre über das Leben in Amerika berichten.

Es war eine Art Werbetour, die das State Department für besondere Gäste aus dem Ausland veranstaltete. Nach dem Motto: Amerika, das Land der unbegrenzten Möglichkeiten, wollte man den Franzosen die touristischen Highlights, insbesondere aber die technischen Fortschritte und Projekte zeigen und sich als eine Nation vorstellen, in der der Pioniergeist der Gründerväter und der American Dream neu erwacht waren.

Die Gastgeber scheuten keine Mühen und Kosten, um den Journalisten einen angenehmen Aufenthalt zu bieten und die Vereinigten Staaten als Wohlfühloase zu präsentieren. In New York waren sie im Plaza Hotel untergebracht, mit seiner französischen Renaissance-Fassade, eines der markanten Wahrzeichen der Stadt, absolut zentral gelegen, an der Kreuzung zwischen Fifth Avenue und East 59th Street, Midtown Manhattan, ein Hotel für die Betuchten. Die Franzosen staunten nicht schlecht über den Luxus pur, den sie hier sahen. Gleich nach der Ankunft wurden sie sogar neu eingekleidet,[20] noble Anzüge für die Herren und elegante Kostüme für die Damen. – Auch Sartre wechselte seine Kleidung, auf den Fotos, die im Archiv der Library of Congress aufbewahrt werden, ist er mit Krawatte und gestreiftem Anzug zu sehen, seine Lederjacke hatte er gegen einen dicken Wollmantel getauscht.

Während des zweimonatigen Aufenthalts fanden hochkarätige Treffen statt, so im Pentagon mit dem Fünf-Sterne-General George C. Marshall (Außenminister unter Truman und Erfinder des nach ihm benannten Marshall-Plans) und, am 9. März, als Höhepunkt des Besuchs, ein Termin im Weißen Haus bei Präsident Roosevelt, schon vorher hatten sich Andrée Viollis und Étiennette Bénichon mit der Präsidentengattin Eleonore Roosevelt getroffen. Die französischen Gäste sollten aber vor allem die Lebensart einer Nation kennenlernen, die sich im Aufbruch wähnte, die stolz war auf ihre demokratischen Grundsätze und den errungenen Sieg über den Totalitarismus.

Die Franzosen wurden von einem Besichtigungstermin zum nächsten chauffiert, zuweilen begleitet von Henri Bonnet, dem französischen Botschafter. Auch ein Flugzeug stand für sie bereit, es ging kreuz und quer durch das Land, von Philadelphia nach Los Angeles, von Chicago nach New Mexico, von Quebec nach New Orleans.[21] Die Franzosen besichtigten eine Meerwasserentsalzungsanlage, beobachteten ein Manöver der amerikanischen Armee, sie durften auf einem der Schnellbote fahren, das am 6. Juni 1944 in der Normandie gelandet war, bekamen Rüstungsbetriebe gezeigt, besuchten die National Gallery of Art und die Salons der Abgeordnetenkammer, wurden durch die Fox-Studios in Hollywood geführt und wurden über die Produktionsbedingungen des Films in Zeiten des Krieges informiert – und natürlich sahen sie sich Los Angeles an: »keine Verdunkelung«, notierte Sartre überrascht, und war überwältigt von diesem Konglomerat: »Die Stadt strahlt abends über vierzig Meilen in ihrem ganzen Licht wie eine einzige große Milchstraße«.[22] Auf dem Programm standen auch der im November 1944 fertiggestellte Fontana Staudamm und die Wasserkraftwerke der Tennessee Valley Authority – ein Glanzstück amerikanischer Ingenieurskunst. Mit Stolz zeigte man den französischen Intellektuellen die für die Arbeiter errichteten Dörfer: »zwei weiße mit 3000 und 5000 Einwohnern und eines für die Neger«.[23] Die Gäste hörten von der Ausdehnung der Zivilisation nach Westen, der Rodung und Urbarmachung der Wildnis – ›Wildnis‹, das war die Umschreibung für das Gebiet der Cherokee, die man von dort vertrieben hatte, eine Form der ›ethnischen Säuberung‹. Eindrucksvoll wurde den Franzosen vorgeführt, was noch heute jeden Amerikareisenden ins Schwärmen bringt, die Weite und Leere des Landes, die sich natürlich besonders von oben erschließt. Sartre notiert: »Zwischen New Orleans und San Francisco flogen wir stundenlang über rotes, dürres, mit graugrünem Strauchwerk überkrustetes Land. Plötzlich tauchte eine Stadt auf, ein kleines, am Boden hingebreitetes Schachbrett, dann wieder rotes Land, Savanne, das zerquälte Gestein des Grand Canyon, die Schneefelder der Rocky Mountains.«[24]

Das dicht gedrängte Besichtigungsprogramm der Amerikaner stieß bei Sartre nicht immer auf Gegenliebe, was er in seinen Artikeln zuweilen deutlich machte: »Man setzt uns in einer Stadt ab, wo wir ein paar Einzelheiten aufschnappen, gestern Baltimore, heute Knoxville, übermorgen New Orleans, und nachdem wir die größte Fabrik oder die größte Brücke oder den größten Staudamm der Welt bewundert haben, fliegen wir, den Kopf voller Zahlen und Statistiken, wieder weiter. Am Ende werden wir mehr Stahl und Aluminium als Menschen gesehen haben. Aber was kann man über Stahl sagen?«[25]

Sartre erhielt von den Gastgebern den Rat, er solle sich beim Schreiben seiner Artikel an die Tatsachen halten. »Aber welche Tatsachen?«[26] Gleich im ersten Artikel verfehlte er das, was die Amerikaner unter »Tatsachen« verstanden. Unter der Überschrift »Die französischen Journalisten in den USA. Frankreich von Amerika aus gesehen«,[27] veröffentlichte er im »Figaro« einen Aufsatz über das gespannte Verhältnis zwischen Roosevelt und de Gaulle. Die Amerikaner hatten zunächst auf de Gaulles Gegenspieler gesetzt, Henri Giraud, ein reaktionärer Militär, der nicht nur die Résistance, sondern auch die Parteien und die Politik überhaupt ablehnte. De Gaulle, der sich zum Volkstribun stilisierte und die Souveränität Frankreichs gegenüber den Alliierten bei jeder Gelegenheit herausstrich, war den Amerikanern schon vom Habitus her suspekt. Gleichwohl, der eigensinnige und sehr selbstbewusste Franzose setzte sich bei den Amerikanern durch. Bei seinem Besuch im Weißen Haus im Juli 1944 überzeugte er Roosevelt, die provisorische Regierung unter seiner Führung anzuerkennen. Doch die Amerikaner blieben misstrauisch.

Sartre beschreibt in seinem Artikel die Grabenkämpfe, die sich, fern der Heimat, in New York zwischen Gaullisten und Giraudisten abspielten. So ganz nebenbei bezichtigte er das State Department und das Finanzkapital, sie hätten Einfluss genommen, um de Gaulle zu desavouieren, sogar von einem gekauften Journalisten ist die Rede. Die »New York Times« meldete sich zu Wort und warf Sartre Antiamerikanismus vor, die Wogen gingen hoch. In einem Brief an den Chefredakteur stellte Sartre klar, dass von Antiamerikanismus in seinem Fall nicht die Rede sein könne, er empfinde »Freundschaft« und eine »tiefe Zuneigung« gegenüber den USA. Als Journalist sei es jedoch seine Aufgabe, unabhängig zu berichten und Position zu beziehen: »Ich werde weiterhin Bericht erstatten und auf meine eigene Verantwortung erzählen, was mich an Ihrem Land anzieht und was mich abstößt.«[28]

Vertikale Impressionen

Sartre nahm sich vor, seine persönlichen Eindrücke von Land und Leuten darzulegen. Die amerikanischen Städte faszinierten ihn, und so berichtete er seinen französischen Lesern von seinen Streifzügen durch New York. Vertikale Impressionen. »Lange wanderte ich in der eisigen Luft. Es war ein Sonntag im Januar 1945, ein öder Sonntag. Ich suchte New York und fand es nicht. Je weiter ich in einer Avenue voranging, die mir kalt, x-beliebig und unpersönlich vorkam, desto mehr schien es vor mir wie eine Gespensterstadt zurückzuweichen. Was ich suchte, war wohl eine europäische Stadt.«[29] Die europäischen Städte, so Sartre, sind völlig anders. In ihrer ursprünglichen Form waren sie rund, kompakt und mit Wällen umgeben, sie sollten Schutz bieten vor Feinden und waren in geschlossene Viertel eingeteilt. Das war hier nicht der Fall, der städtische Raum war offen: »Man geht in New York nicht spazieren, man geht hindurch, es ist eine in Bewegung befindliche Stadt.«[30] Hilflos sei er in den ersten Tagen gewesen. Er versuchte »etwas Einprägsames zu entdecken, irgend etwas, ganz gleich was: eine Häuserreihe, die plötzlich die Straße versperrt, eine Straßenecke, irgendein altes, mit der Patina der Jahre überzogenes Haus. Vergebens: New York ist eine Stadt für Weitsichtige, man kann nur auf unendlich ›einstellen‹«.[31]

Die europäischen Augen waren seit dem späten 19. Jahrhundert auf die spektakulären Wolkenkratzer in New York und Chicago gerichtet. Da machte Sartre keine Ausnahme, er war vorbereitet, aber die »senkrechte Stadt«,[32] wie Céline New York ironisch nannte, entzog sich zunächst allen Versuchen, sie einzuordnen. Und das hatte gute Gründe. Der Europäer, so Sartre, nimmt an amerikanischen Städten das Provisorische und Unfertige, »das Durcheinander in der Höhe«[33] wahr, das aber gehört zu ihrem Charakter: »Provisorisch und zerbrechlich, formlos, unfertig, lebt in ihnen die Gegenwart des ungeheuren geographischen Raumes, der sie umgibt.« Anders als in unseren »geschlossenen, vollgepfropften schönen Städten«, ist hier nichts »endgültig, nichts steht still«.[34] Die amerikanischen Städte, frohlockt Sartre, »sind offen. Offen für die Welt, offen für die Zukunft. Und das verleiht ihnen allen den Eindruck des Abenteuers und trotz ihrer Unordnung, ja Häßlichkeit, etwas rührend Schönes.«[35]

Was an Sartres Eindrücken von New York, wie überhaupt an seinen Eindrücken aus Amerika auffällt, er bewegt sich wie in einer gänzlich fremden Kultur und vergleicht das Unbekannte mit dem Bekannten, um immer wieder die Differenzen zu betonen, das Fremde hervorzuheben. Darin ähnelt er seinem Landsmann, dem Ethnologen Lévi-Strauss, der davon überzeugt war, dass eine Stadt wie New York eine prinzipiell andere Sichtweise erfordere und »andere Maßstäbe« anzulegen seien, es handele sich eben, so sagt er mit Emphase, um »die Neue Welt«.[36] Lévi-Strauss war als Kulturbeauftragter (»Le Conseiller culturel«) in New York – ein Anlaufpunkt für die französischen Gäste. Auch Sartre traf sich mit Lévi-Strauss, durchstreifte mit ihm Manhattan und erzählte ihm, was der Existentialismus ist. Verstanden haben sie sich nicht. Sartre gehörte zu den Besuchern, die »kostbare Zeit«[37] beanspruchten. Lévi-Strauss entwarf in den New Yorker Jahren seine strukturale Anthropologie, er empfing seine Landsleute zum Essen oder zur Cocktailparty, aber eigentlich hatte er keine Zeit, zumal er den Umbau des vor dem Krieg von Frankreich erworbenen Herrenhauses in der Fifth Avenue zu beaufsichtigen hatte, der zukünftige Sitz der französischen Kulturabteilung.

Vielleicht träumte ich dieses Amerika nur

Wenn wir der Geschichte glauben dürfen, die Sartre in seiner Autobiografie »Die Wörter« erzählt, dann hat seine Leidenschaft für New York schon mit den Helden aus seiner Jugendzeit angefangen: Buffalo Bill und der amerikanische Meisterdetektiv Nick Carter.[38] Ihre Abenteuer hat er verschlungen, die Hefte gesammelt und schön säuberlich ins Regal gestellt. Mit zwanzig, so Sartre, »hörten wir von den Wolkenkratzern. Für uns waren sie das Symbol des märchenhaften amerikanischen Wohlstandes.«[39]

Das Amerika-Bild Sartres ist anfangs von der Populärkultur geprägt. Simone de Beauvoir hat von dem auch für sie wichtigen Einfluss im zweiten Band ihrer Memoiren berichtet. Amerika hätten sie »kaum anders als durch Zerrspiegel« gesehen, »wir verstanden nichts; aber mit Jazz und Hollywoodfilmen war es in unser Leben getreten.«[40] Hinzu kamen, so Beauvoir, die »›Negro-Spirituals‹«, Gospels und Blues. Mit ihrer »tiefen, kollektiven Empfindung« hätten sich die Lieder »in Schichten des Inneren eingenistet [...] – durch sie existierte Amerika in uns.«[41]

Neben der Musik seien, so Beauvoir, die amerikanischen Filme wichtig gewesen, die Cowboy-, Gangster- und Polizeifilme, die sich in New York, Chicago und Los Angeles abspielten, schließlich die klassischen Hollywoodfilme mit Greta Garbo, Marlene Dietrich, Joan Crawford, Mae West. Amerika als eine »Sarabande von Bildern auf dem Hintergrund rauher Stimmen und synkopierter Rhythmen: Trance und Tänze der Schwarzen in *Hallelujah*, in den Himmel ragende Hochhäuser, Gefängnisrevolten, Hochöfen, Streiks, lange Beine in Seidenstrümpfen. [...]. Wenn wir uns von diesem Sammelsurium abwandten«, so Beauvoir weiter, »dann sahen wir in Amerika das Land, wo die kapitalistische Unterdrückung ihre abscheulichsten Triumphe feierte. Wir verabscheuten es wegen seiner Ausbeuterei, der Arbeitslosigkeit, der Rassenpolitik und der Lynchjustiz. Aber jenseits von Gut und Böse hatte das Leben dort etwas Gigantisches, Entfesseltes, das uns faszinierte.«[42]

Diese Ambivalenz aus Abscheu und Faszination fand in den Dreißigerjahren auch in den amerikanischen Romanen einen Widerhall. Wichtig für Sartre und Beauvoir waren Faulkner, Hemingway, vor allem aber Dos Passos und seine »USA-Trilogie«, aus der sie Dialoge nachspielten und viele Passagen auswendig rezitieren konnten. Bei den beiden ersten Bänden der Trilogie, »Der 42. Breitengrad« und »1919«, konnten sie auf eine französische Übersetzung zurückgreifen, das war beim dritten Band, »The Big Money«, nicht so. Als er 1936 in der amerikanischen Ausgabe erschien, machte sich Simone de Beauvoir gleich daran und übersetzte für Sartre, der nur wenig Englisch konnte, seitenweise aus dem Buch. Die »USA-Trilogie« ist ein kollektiver Roman, der keine geschlossene Handlung hat, ein Roman ohne Helden, in dem, eingeleitet und belichtet von einem Kameraauge, von zwölf Hauptfiguren erzählt wird, deren Lebenswege sich mehr zufällig kreuzen, die zusammenkommen, sich wieder trennen und aus dem Blick verlieren. So hatte es Dos Passos schon in »Manhattan Transfer« gemacht, nun erweiterte er die Perspektive auf Amerika und die Amerikaner. Das große Thema ist die Krise des amerikanischen Individualismus, die Krise des Individuums, das, so Sartre, nur noch als »flackerndes Einzelbewußtsein«[43] existent ist. Paradigmatisch dafür ist das im Prolog der »USA-Trilogie« geschilderte namen- und gesichtslose Ich, das allein in der Menge geht, »den Kopf umnebelt von Wünschen« bleibt es für sich allein, bis es sich im »Kollektivbewußtsein«[44] auflöst, verschwindet. Amerika stand für den ungezähmten Kapitalismus, für die Dominanz von Ökonomie und technischem Fortschritt, für Vermassung, Kulturverfall und das Verschwinden des bürgerlichen Individuums. Die These vom Verschwinden des Individuums und dem Aufstieg der Massen war nicht ganz neu. Der dominante Kulturpessimismus in den Zwanziger- und zu Beginn der Dreißigerjahre behauptete Ähnliches und bezog sich dabei explizit auf die USA. In Amerika sah man den Prototyp einer technisch-industriellen Zivilisation, die die europäische Kultur bedrohte. In Frankreich war es George Duhamel, der in seinem 1930 erschienenen Reiseessays »Scènes de la vie future« den entfesselten Kapitalismus in den USA ins Visier nahm, er kritisierte ›Maschinismus‹ und Materialismus, die das autonome Individuum zerstören und zur Uniformierung des Menschen führen würden.[45] Amerika war, wie Hannah Arendt schreibt, sowohl »der Traum als auch der Albtraum Europas«.[46]

Rapidité, rapidité, rapidité

Die Franzosen taten sich schwer mit Amerika – und ›Amerika‹ stand sinnbildlich und symbolisch für die Modernisierung. Gegen Taylorismus und Fordismus formierte sich gleich Anfang des Jahrhunderts ein erbitterter Widerstand. ›Amerikanisierung‹ wurde zum politischen Kampfbegriff, der sich keineswegs nur auf die amerikanischen Produktionsmethoden bezog. Von Anfang an fürchtete man eine Überwältigung der eigenen Kultur – und dafür gab es durchaus gute Gründe. So hat das Filmland Frankreich, in dem bekanntlich das Kino erfunden wurde, in den Zwanzigerjahren seine führende Position in der Filmindustrie eingebüßt. Die amerikanischen Filme nahmen eine marktbeherrschende Stellung ein. 1925 hatten sie einen Marktanteil von siebzig Prozent, 1930, nach Einführung des Tonfilms, noch achtundvierzig.[47] In Amerika sah man nicht eine technologisch fortgeschrittene Gesellschaft, sondern eine völlig andersgeartete Kultur, eine seelenlose, rationale Erwerbsgesellschaft, die das Leben normierte und standardisierte, eine Kultur, die sich mit der französischen Tradition nicht vertrug.

Auf wunderbare Weise und erfrischend komisch hat der französische Filmregisseur Jacques Tati diesen Konflikt thematisiert. Gleich nach Kriegsende hat er seinen Film »Tatis Schützenfest« gedreht, der 1949 in die Kinos kam. Der Film persifliert die Amerikanisierung, er zeigt sowohl die Faszination wie die Folgen einer Modernisierung, die allein auf Schnelligkeit und Geschwindigkeit ausgerichtet ist. Seit der Briefträger François im Festzelt einen Film gesehen hat, in dem gezeigt wird, wie die Post in den USA mit Flugzeugen befördert wird und welche Bedeutung in der Neuen Welt Zeit und Geschwindigkeit haben, ist er von der Idee begeistert, so schnell wie die Amerikaner die Post zu befördern. Angefeuert von den Schaustellern, die ihn zum Narren halten, setzt er sich auf sein Fahrrad, wie Don Quichotte auf seine Rosinante, und will es den Amerikanern gleichtun – und das heißt

Tempo: *rapidité, rapidité, rapidité*, so seine Losung. Doch die Geschwindigkeit, die er auf seinem Fahrrad an den Tag legt, wirkt sich kontraproduktiv aus, die Post kommt nicht bzw. völlig desolat an und das beschauliche Leben in der Provinz gerät zusehends aus dem Lot. François, der fahrradfahrende Briefträger, kommt, im wahrsten Sinne des Wortes, unter die Räder. Der Mensch ist nicht mehr das Maß, die Dinge nehmen ein Eigenleben an: In einer Szene fährt das Fahrrad von allein und rollt schneller als François rennt. Die dörfliche Gemeinschaft erlebt einen Briefträger, der von der Amerikanisierung erfasst, völlig überdreht ist. Das französische Leben, so die Botschaft des Films, verträgt sich nicht mit der amerikanischen Kultur. Der Film endet mit leiser Melancholie und dem Beharren auf der Nostalgie der guten alten Zeit – der Lebensart des alten Frankreichs.

Die Entwicklung Tatis und seiner Filme ist so konsequent wie aufschlussreich. Die Moderne, die in »Tatis Schützenfest« noch abgewehrt werden konnte, hat spätestens in »Tatis herrliche Zeiten«, der 1967 in die Kinos kam, von der Welt Besitz ergriffen – Amerika ist überall. Tati zeigt eine Welt nach dem Sieg der Amerikanisierung, eine futuristische Welt aus Beton, Stahl und Glas, die Paris sein soll. Doch alles was von Paris sichtbar wird, sind Anspielungen, in den Film eingeschnittene touristische Monumente, die verzerrt und gespiegelt ins Bild gesetzt werden (Eiffelturm, Sacré-Cœur de Montmartre). Aus der Alten Welt sind nur Relikte, Anachronismen übrig geblieben: Monsieur Hulot, dargestellt von Jacques Tati, der mit seinem in die Jahre gekommenen Mantel wie ein Fremdkörper wirkt, der Portier des Verwaltungsgebäudes und die Blumenverkäuferin. Auf der Suche nach einem Monsieur Giffard stößt Hulot immer wieder auf eine amerikanische Reisegruppe, die, auf der Suche nach Paris, im Trippelschritt durch die Räume einer irrealen Welt geführt wird. Alles ist standardisiert, genormt, uniformiert und zum Verwechseln ähnlich, ob Krankenhaus oder Flughafen, die Gebäude sind ununterscheidbar. Was übrig bleibt sind Geräusche, merkwürdige Töne, die normalerweise nicht bemerkt werden (die schwingende Glastür, die Lederpolsterung des Sessels), aber hier, in den steril anmutenden Räumen, durch ihre Unwillkürlichkeit eine eigene Art von Komik entwickeln. Wie weit die Amerikanisierung geht, zeigt sich auch an der Sprache – das Französische hat ausgedient, auch die zuvor von Tati geübte Kritik an Anglizismen hat sich erübrigt, es gibt nur noch englische Namen und Bezeichnungen. »Tatis herrliche Zeiten« zeigt eine überdrehte, absurde Realität, in der die »öde amerikanische Weltzivilisation«[48] herrscht und es kein Außen mehr gibt. Die Amerikanisierung löste bei den Franzosen Ängste aus, auch wenn sie, wie hier bei Tati, in burlesk-komischer Weise daherkam.

American Way of Life

Zurück zu den französischen Intellektuellen in Amerika. Sie kamen aus einem vom Krieg gezeichneten Land, die Lage der Bevölkerung war im Winter 1944/45 desolat. Gerade einmal vier Monate lag die Befreiung in Paris zurück, die Erinnerungen waren noch frisch: Am 26. August 1944 fand das triumphale Defilee auf der Avenue des Champs-Élysées statt, eine unübersehbare Menschenmenge säumte die Straßenränder und jubelte Charles de Gaulle, der selbsternannten Spitze des freien Frankreichs, zu. De Gaulle hatte sich mit seinen Plänen durchgesetzt und schrieb den Sieg über die deutschen Besatzer auf das Konto der Franzosen, während die alliierten Befreier im Hintergrund standen. In Wirklichkeit, so Sartre 1945, hätte »die Stadt nicht einmal im Traum daran […] denken können, sich zu erheben, wären die Alliierten nicht ganz nahe gewesen«.[49]

Nach dem Ende der deutschen Besatzung waren die Lebensmittelknappheit und der Hunger geblieben. Paris war zwar weitgehend unzerstört, aber vom Umland abgeschnitten. Strom, Wasser – die Infrastruktur lag darnieder. Wenn man aus dem kalten, hungernden und erschöpften Paris kam, fühlte man sich in den USA in eine andere Welt katapultiert, eine Welt, in der man sich, wie es aussah, materiell keine Sorgen machen musste.

»Es war genauso, als wäre wieder Frieden«, erinnert sich Sartre später. »Sie [die Amerikaner] waren sich nicht bewußt, daß Krieg war.«[50]

Wer 1945 aus Europa kam, war empfänglich für den Glanz, die Güterfülle und die Dinge des Lebens, die man viele Jahre entbehren musste. Amerika machte den Eindruck eines Wohlstandsparadieses. In sein Notizheft schrieb Sartre: »Das strahlte, und es war voll von Geschäften, die Strom hatten … geöffnete, erleuchtete Geschäfte, in denen gearbeitet wurde, um elf Uhr nachts Friseurgeschäfte … Man konnte sich um elf Uhr nachts frisieren, rasieren, die Haare waschen lassen …«[51] Sartre stand mit diesem Eindruck nicht allein, als sein Freund Albert Camus ein Jahr später Amerika besuchte, schrieb er in sein Tagebuch, dass er »buchstäblich betäubt« vom »Jahrmarkt des Lichts« gewesen sei. »Ich habe fünf Jahre Nacht hinter mir, und diese Orgie greller Lichter vermittelt mir zum erstenmal den Eindruck eines neuen Kontinents.«[52] Und angesichts der Warenwelt, die er hier erblickt, ist er überwältigt: »Herrliche Lebensmittelgeschäfte. Genug, um ganz Europa bis zum Platzen zu überfüttern.«[53] So kritisch man gegenüber der amerikanischen Demokratie und ihren Prinzipien von Freiheit und Gleichheit war, die Warenwelt erschien als ein davon abgelöstes Faszinosum, wer immer in diese Welt eintauchte, war verloren, überwältigt. »Der amerikanische Luxus warf mich um«, gesteht Simone de Beauvoir, »die Straßen, die Auslagen, die Autos, die Frisuren und Pelze, die *drugstores*, die grellen Neonlichter«.[54] In einem Brief an Sartre spricht Beauvoir von der »Poesie des Komforts«. Es »ist kolossal – im Hotel alles zu haben, was man zum Leben und zur Unterhaltung braucht, Kriminalromane neben der Zahnbürste, das ist ein Vergnügen, für das ich hoffentlich nicht allzu schnell abstumpfe«.[55]

Amerika, der neue Kontinent, war, so schreibt Hannah Arendt, »fast von Beginn seiner Geschichte an das ›Land des Überflusses‹ gewesen, und der relative Wohlstand seiner Bewohner hat selbst frühe Reisende tief beeindruckt«.[56] Es ist das Versprechen auf Autonomie, aber auch das Versprechen auf Reichtum und Wohlstand, der Traum eines besseren Lebens, von dem sich die Kolonisten verlocken ließen, den Ozean zu überqueren.

Sartre, der im American Way of Life sein ›Amerika‹ fand, ein Lebensgefühl, das ihn, zumindest zeitweise, euphorisierte, ging in Tanzlokale, in die Kinos am Broadway und hörte natürlich Jazz. Über den Jazz, den er in Amerika entdeckt hat, schreibt Sartre 1947 einen kleinen Aufsatz, der mit dem schönen Satz beginnt: »Mit dem Jazz ist es wie mit Bananen – er muss an Ort und Stelle konsumiert werden.«[57] Und der Ort ist Amerika, genauer: Nick's Bar in New York, wo Sartre den befreienden, den ›richtigen‹ Jazz hörte, den Jazz, zu dem man nicht, wie in Frankreich, tanzte, sondern dem man – zumindest anfangs – andächtig lauschte und der sich am Ende der Aufführung zu einer Ekstase entwickelt: »man sitzt in einer verrauchten Halle zwischen Matrosen, Hafenarbeitern, Huren, feinen Damen. Tische, Nischen. [...] Es gibt einen dicken Mann, der sich die Lunge aus dem Leib bläst, wenn er seine Posaune schwingt, es gibt einen Pianisten ohne Gnade, einen Bassisten, der die Saiten quält, ohne auf die anderen zu hören. [...] Die Musiker teilen aus. Einer nach dem anderen. Erst der Trompeter, dann der Pianist, dann der Posaunist. Der Bassist quält sich ab. Es geht nicht um Liebe, nicht um Behaglichkeit. Es geht um Tempo, wie bei Leuten, die zur U-Bahn rennen oder sich aus dem Automaten was zu essen holen. [...] Sie sprechen zum besten Teil von dir, zum härtesten, zum freiesten, zu dem Teil, der weder Melodie noch Refrain will, sondern den ohrenbetäubenden Höhepunkt des Augenblicks. Sie ergreifen dich, lullen dich nicht ein. [...] Wenn du hart, jung und frisch bist, packt dich der Rhythmus und schüttelt dich. Du hüpfst auf deinem Sitz, schneller und schneller, und dein Mädchen mit dir, in einer höllischen Runde.«[58]

Wir kennen das »Mädchen«, das vom Rhythmus gepackt, hüpft, es ist die Journalistin Dolorès Vanetti, eine Französin, die Sartre Abend für Abend begleitet. Über Dolorès Vanetti gerät Sartre später, wenn er darauf angesprochen wird, immer wieder ins Schwärmen, eine wunderbare Frau, so hat er John Gerassi in einem Interview erzählt. Sie hätte alle Nachtclubs, alle Jazzclubs, alle Musiker, alle Orte, die von Intellektuellen besucht wurden, gekannt. Dank ihr habe er viele Dinge über Amerika entdeckt.[59] Vanetti war mit dem reichen amerikanischen Arzt Edward Ehrenreich verheiratet. In den Dreißigerjahren trat sie als Schauspielerin auf dem Montparnasse auf und verkehrte in den Pariser Cafés und Intellektuellenzirkeln. Anfang des Krieges kam sie nach Amerika. Vanetti war für Sartre mehr als eine Reiseführerin. Beide sprachen dieselbe Sprache und verstanden sich offenbar auch sonst gut. Bei allem, was man weiß, handelte es sich nicht um ein harmloses Abenteuer. Vanetti reichte die Scheidung ein, Sartre machte ihr einen Heiratsantrag, erwog kurzfristig sogar in Amerika zu bleiben und das Angebot eines Zweijahresvertrags an der Columbia University anzunehmen. Mitte Dezember 1945 fuhr er erneut nach Amerika, um seine Geliebte zu besuchen. Diesmal, aus finanziellen Gründen, an Bord eines Militärfrachters. Eine ungemütliche, aufreibende Fahrt, auf der er nicht lesen und nicht denken konnte, eine Fahrt, die achtzehn Tag dauerte und die er nur Vanetti zuliebe unternahm. Sartre hält Vorträge, um die Kosten des Aufenthalts zu decken. An Simone de Beauvoir schreibt er, dass Dolorès Vanetti ihn »beängstigend liebt«.[60] Der Verlauf der Geschichte ist weitgehend bekannt – sie endet im Sommer 1950 mit dem Bruch der Beziehung und dem Bekenntnis zu Simone de Beauvoir.

Der Schmelzprozess

In seinem Artikel »Individualismus und Konformismus in den Vereinigten Staaten«, der im Februar 1945 im »Figaro« erschien, fragt Sartre, wie aus einem eingewanderten Europäer in relativ kurzer Zeit ein Amerikaner wird. Ein folgenreicher Verwandlungsprozess, den man, so Sartre, an jedem Eingewanderten beobachten könne. Er erzählt den Lesern des »Figaro« die Geschichte vom »amerikanischen ›Schmelztiegel‹«,[61] vom »Melting Pot«. 1908 wurde die Metapher durch ein Theaterstück des Schriftstellers Israel Zangwill berühmt und entwickelte sich zur stehenden Redewendung. »Melting Pot« spielt auf die Assimilation und Integration von Einwanderern an, die in eine andere (dominante) Kultur ›eingeschmolzen‹ werden. Aus der Vielheit kultureller Identitäten soll im Einschmelzungsprozess eine Einheit entstehen. Die Einwanderer werden umgeformt, verlieren ihre kulturelle Identität und werden, so Sartre, zu »reinrassige[n] Amerikaner[n]«[62] gemacht, zu einem anderen Wesen. Von diesem Umwandlungsprozess berichtet Sartre halb ironisch, halb ernst: Gleich am ersten Tag hätte er die Bekanntschaft eines Mannes gemacht, »der gerade mitten im Schmelzprozeß war«.[63] Ein Mann, den er anfangs als Amerikaner zu erkennen glaubte, er wundert sich jedoch über die guten Französischkenntnisse, ein Französisch, das allerdings »reichlich mit sprachwidrigen Ausdrücken und Amerikanismen« gespickt war.[64] Der Einschmelzungsprozess sei eben noch nicht vollendet gewesen, er sei erst »zur Hälfte« Amerikaner.[65] »Noch ist das Gesicht dieses Mannes zu ausdrucksstark, noch besitzt es die leicht aufreizende Mimikry der Intelligenz, an der man überall einen französischen Kopf erkennt.«[66] Der Einwanderer verliert im Schmelzprozess nicht nur seine Herkunft und sein geistvolles Aussehen, er wird genormt. Die dominante Kultur macht aus ihm einen Menschen von der Stange.

Eine wichtige Rolle bei dieser Umformung und Umwandlung zu einem neuen, hochangepassten Wesen würde die Erziehung und Umerziehung spielen, meint Sartre. »Jeder Amerikaner läßt sich durch andere Amerikaner erziehen und erzieht seinerseits wieder andere.«[67] Alles in diesem Land sei auf Erziehung abgestellt. Dauernd bekäme man »Ratschläge« erteilt, würde man über die Schädlichkeit des Eigensinns und die Notwendigkeit an den Gemeinsinn, an den anderen zu denken, belehrt, ob im Radio, in der Zeitung oder in der Reklame: »›Seien Sie schön, heute mehr denn je. Pflegen Sie ihr Gesicht für *seine* Rückkehr. Kaufen Sie die Creme X.‹«[68]

Man könne in diesem Land nicht allein sein, selbst auf der Straße nicht: »Die Mauern sprechen zu einem. Rechts und links ist man von Plakaten, Leuchtreklamen, riesigen Schaufenstern umgeben.«[69] Die Welt des Amerikaners sei auf ein stabiles Wohlbefinden abgestellt: »der amerikanische Bürger ist wohl umhegt«.[70] Man müsse nur den Radioknopf drehen und schon spüre man die Wirkung »wie einen warmen Lufthauch«.[71]

Sartre erlebte in seinen Exkursen ein Amerika, in dem die Menschen überzeugt waren von ihrem Land, ihrem Staat und ihrer Nation. Der Amerikaner definiere sich nicht gegen den Staat. In Frankreich gäbe es noch »die alte, klassische Form des ›Kampfes des Einzelnen gegen die Gesellschaft und insbesondere gegen den Staat‹«.[72] Der Amerikaner aber sei in dieser Hinsicht anders eingestellt, er fühle anders. Mit einer Art »Besitzerstolz«[73] würden die Amerikaner den Staat als »ihren« Staat, die Nation als die »ihre« Nation betrachten. Es gäbe da keinen Gegensatz, sondern einen prinzipiellen, sehr tief sitzenden Konformismus, der alle Differenzen zudeckt. »Indem er [der Amerikaner] sein Handeln dem der Allgemeinheit angleicht, kommt er sich zugleich am vernünftigsten und nationalsten vor, und indem er sich betont konformistisch gibt, fühlt er sich am freiesten.«[74] Aus der konformistischen Lebenshaltung bezöge der Amerikaner seine Sicherheit, sein Selbstbewusstsein. Unterschiede, wie sie der Europäer macht, kämen ihm gar nicht in den Sinn, meinte Sartre. Der Amerikaner unterscheide nicht zwischen »amerikanischer Vernunft und Vernunft schlechthin«, er halte »sein Denken für allgemeingültig«.[75]

Sartre gab seine Eindrücke über den amerikanischen Nationalcharakter wieder, darin steckten nicht zuletzt die Klischees, die

Pariser Intellektuelle über ›den‹ Amerikaner hatten: gesellschaftlich angepasst und am Erfolg orientiert. Vieles, was Sartre in diesem Artikel artikuliert, entsprach dem Kulturpessimismus der Zwanzigerjahre, der sich antiamerikanisch und zumeist auch antimodern artikulierte. Sartre beschrieb Amerika als eine uniformierte Gesellschaft, die ihm suspekt war, in der er sich nicht verorten konnte, der er weitgehend fremd gegenüberstand. Die Uniformierung umfasse den Amerikaner in seinem Inneren, in seiner Existenz und seinem Sein, dazu diene, so meinte Sartre, auch die Technik. Da war er durchaus der Meinung seines Landsmannes Duhamel, der Anfang der Dreißigerjahre von einer »civilisation mécanique«[76] sprach und die Gefahren ausmalte, die sich bei der Ausbreitung des amerikanischen Vorbilds für das von Europa verehrte autonome bürgerliche Individuum ergebe. Sartre sieht in der Technik ein Korsett, das den Amerikaner bis in den Alltag hinein umfängt und den Individualismus in bestimmte Bahnen lenkt bzw. gar nicht erst zur freien Entfaltung kommen lässt. Die »Maschine« trägt »zur Verallgemeinerung bei. Denn der mechanische Gegenstand läßt sich gewöhnlich immer nur auf eine einzige Art anwenden [...]. Der Amerikaner benutzt seinen automatischen Korkenzieher, seinen Kühlschrank, sein Auto zu gleicher Zeit und auf gleiche Weise wie alle anderen Amerikaner.«[77]

Sartre spricht von einem gelenkten und umhegten Individualismus,[78] der keineswegs im Gegensatz zum Konformismus stehe, er »setzt ihn voraus«.[79] Das erinnert nicht von ungefähr an die von Aldous Huxley entworfene »Schöne neue Welt«, in der es wirkliche Freiheit nicht gibt. Der Individualismus ist vorgeprägt, vorgestanzt. Oben stehen die Alpha-Plus-Menschen: »Ford, Rockefeller, Hemingway, Roosevelt. Sie sind Vorbild und Beispiel.«[80]

Jeder wolle Geld verdienen, es zu Eigentum und Besitz bringen, aufsteigen und als Persönlichkeit anerkannt werden. Solange die »völlige Freiheit«[81] im Konformismus gefunden würde, vertrügen sich Staat und Individualismus gut, so Sartre. Im Individualismus läge jedoch noch eine andere Dimension, er spricht von einem »tiefen Individualismus«,[82] ohne genaue Erklärungen zu geben. Wir können annehmen, Sartre dachte an die Geschichte, an den Beginn der amerikanischen Geschichte. Die Neue Welt, die die

Siedler auf den Boden Amerikas errichten wollten, sie sollte vor allem eins sein: antistaatlich. Man wollte aus den Banden der Alten Welt mit ihren Hierarchien und ihrem Standesdenken heraus, frei sein von Gesetzen und obrigkeitsstaatlichen Bindungen. Sartre sammelte seine Eindrücke vornehmlich in den Metropolen. Im Mittleren Westen und in den (mythischen) Weiten des Frontier dachte man anders über die Staatlichkeit, da galt es als unamerikanisch sich auf Staat, Gesetz und Nation zu berufen. Dieser, um es mit Sartre zu sagen, »tiefe Individualismus« bildete jedoch den Kern der amerikanischen Identität. Es war die Überzeugung, einem Land anzugehören, das völlig anders war als alle anderen Länder, das einzig war, das »Land schlechthin«.[83] Erst auf dieser Basis kam es zu der von Sartre behaupteten »Allgemeingültigkeit«,[84] die er Amerikanern im Denken und Handeln unterstellte.

In den Süden

Im März war der offizielle Teil des Aufenthalts beendet. Zum Abschluss durfte jeder Teilnehmer einen eigenen Reisewunsch äußern. Sartre wählte den Süden: Texas und New Mexico. Eine folgenreiche Entscheidung, denn es wurde ihm hier eine Lektion über den manifesten Rassismus in den USA erteilt. Sieben Artikel schrieb Sartre über seine Reise in den Süden. Er thematisierte die Rassensegregation und konfrontierte sie mit den amerikanischen Idealen von Gleichheit und Freiheit. »In diesem Land mit seinem berechtigten Stolz auf seine demokratischen Institutionen entbehrt jeder zehnte seine politischen Rechte: auf diesem Territorium der Gleichheit und Freiheit leben dreizehn Millionen Unberührbare … Sie bedienen Sie, sie putzen Ihre Schuhe, sie bedienen Ihren Fahrstuhl, sie tragen Ihre Koffer zu Ihrem Abteil; aber weder haben sie mit Ihnen noch Sie mit ihnen zu tun; sie haben mit dem Fahrstuhl, mit den Koffern, mit den Schuhen zu tun … Wie Maschinen erledigen sie ihre Arbeit … Sie bezeichnen sich selber als ›Bürger dritter Klasse‹. Es sind die Schwarzen. Nennen Sie sie nicht ›Nigger‹: Sie würden sie verletzen […].«[85] Sartre war aufgebracht von der alltäglichen Praxis der Segregation, die im Süden zum Common Sense gehörte. Seine harsche Reaktion hatte auch damit zu tun, dass er sich unmittelbar vor seiner Reise in die USA als einer der ersten französischen Intellektuellen mit dem Antisemitismus und der nationalsozialistischen Rassenideologie auseinandergesetzt hatte, zu einem Zeitpunkt, als das Ausmaß dessen, was man später als Holocaust beschrieb, noch gar nicht zu übersehen war. Im Oktober 1944 verfasste er das »Porträt des Antisemiten«, das er im Dezember 1945 in »Les Temps Modernes« veröffentlichte und das 1946 in »Überlegungen zur Judenfrage« Eingang fand. Die Unterschiede zwischen Antisemitismus und Rassismus sind freilich bedeutsam: Der Antisemitismus ist eine Vernichtungsideologie, die darauf abzielt, ein ganzes Volk zu beseitigen; im Rassismus geht es um Diskriminierung auf Grund der ethnischen Herkunft. Sartre war von der Rassentrennung, die im Süden strikt durchgesetzt und bei Verstößen sanktioniert wurde, entsetzt: Es gibt »keinen öffentlichen Ort, wo man Schwarze und Weiße zusammen sieht ... In den Eisenbahnen und in den Straßenbahnen haben sie gesonderte Plätze; sie haben ihre Kirchen und ihre Schulen [...], es geschieht sogar oft, daß sie in den Betrieben in abgetrennten Räumen arbeiten. Diese Parias besitzen überhaupt keine politischen Rechte.«[86]

Zu dem Zeitpunkt, als Sartre den Süden bereiste, kamen die ersten afroamerikanischen Soldaten zurück, die gegen den Rassismus und die Vernichtungsideologie der Nazis gekämpft hatten, sie kamen in ein Land, das Rassismus praktizierte, und sie hatten in einer Armee gedient, in der strikte Rassentrennung[87] herrschte. Als die Franzosen im August 1944 in Paris ihre Siegesparade abhielten, bekam de Gaulle von den Amerikanern gesagt, er könne machen, was er wolle, nur dürften keine Farbigen an der Spitze des Zugs zu sehen sein – was gar nicht so leicht war, denn ein großer Teil der französischen Soldaten kam aus den Kolonien.

Rassismus war für Sartre nicht einfach ein moralisches Problem, ein Problem, das auf Vorurteilen beruht, die man durch Aufklärung beseitigen kann. Es sei die Klassenstruktur, die Rassismus zuallererst hervorbringe. Entstehung und Aufstieg des Kapitalismus sah Sartre eng mit dem Rassismus verknüpft. Im Rassismus erkannte er das entscheidende Movens, das den Kapitalismus beförderte und zur Entfaltung gebracht hatte. Der Rassismus, so Sartres Position, könne nur kollektiv und multiethnisch überwunden werden, wenn die schwarze Bevölkerung zusammen mit den weißen Arbeitern für die Anerkennung ihrer Rechte kämpfen würde.

Sartre schrieb nicht nur Artikel über die Situation der Schwarzen im Süden, er schrieb nach seiner Rückkehr auch das Theaterstück »Die ehrbare Dirne«. Es wurde im November 1946 in Paris uraufgeführt und hatte bei Publikum und Kritik großen Erfolg. Eine Inspirationsquelle für Sartre war der Prozess gegen die Scottsboro Boys von 1931, bei dem neun junge Schwarze in Alabama zu Unrecht wegen Vergewaltigung zweier weißer Frauen angeklagt wurden. Polizei, Justiz und ein wütender Mob, der Lynchjustiz üben wollte, sorgten dafür, dass die Scottsboro Boys zu hohen

Strafen verurteilt wurden. Sartre wich in einem wichtigen Punkt von der realen Geschichte ab, er brachte die Klassenstruktur und den Kapitalismus ins Spiel, der sich die ethnische Ungleichheit zunutze macht. Ein reicher Senator nimmt dabei eine Schlüsselposition ein.

Die Handlung des Stücks spielt irgendwo im Süden: Die Prostituierte Lizzie sitzt mit zwei Schwarzen in einem Zugabteil, vier angetrunkene weiße junge Männer kommen dazu, es gibt Streit, bei einem Handgemenge fällt ein tödlicher Schuss. Der Schütze ist der Neffe des reichen Senators Clark. Um den Neffen zu entlasten, soll Lizzie schwören, dass die Schwarzen sie vergewaltigen wollten. Lizzie will zunächst die Wahrheit sagen, wird aber davon überzeugt, dass es keine Wahrheit gibt, »es gibt Weiße und Schwarze, das ist alles«.[88] Der Senator überredet sie, die Unwahrheit zu sagen und bedankt sich am Ende im Namen des Neffen und der »siebentausend Weißen unserer Stadt, und im Namen der amerikanischen Nation«. Spät erst dämmert Lizzie, dass man sie »reingelegt« hat.[89] »Seit fünfundzwanzig Jahren wickeln sie mich mit ihren alten weißhaarigen Müttern und den Kriegshelden und der amerikanischen Nation ein. Aber jetzt habe ich es begriffen. Jetzt ist Schluß damit.«[90] Doch so positiv und selbstbewusst endet das Stück nicht. Lizzie kann sich nicht zur Tat entschließen, von der, folgen wir Sartre, doch alles abhängt, sie ergreift nicht ihr Leben, sie handelt nicht, sondern fällt zurück, sie wird von außen bestimmt und unterwirft sich. Die reichen Weißen haben nicht nur die ökonomische Macht, sie definieren die Moral und auch das, was Wahrheit ist.

Black Boy

Eine wichtige Rolle bei der Sensibilisierung für die Probleme der Schwarzen spielte für Sartre und Beauvoir die Begegnung mit dem afroamerikanischen Schriftsteller Richard Wright. Wright und Sartre lernten sich 1946 bei einem Besuch Wrights in Paris kennen. Bei dieser Gelegenheit machte er auch die Bekanntschaft mit Simone de Beauvoir. Wright hatte sich bereits als Romancier einen Namen gemacht. Sartre und Beauvoir mochten ihn auf Anhieb, seine direkte Art, sein Umgang mit der eigenen Lebensgeschichte, nicht zuletzt aber auch seine politischen Positionen, sein kritischer Blick auf Amerika – da lag man eng beieinander. Wright kam aus prekären sozialen Verhältnissen. Geboren und aufgewachsen im Süden, ging er als Neunzehnjähriger nach Chicago, arbeitete in verschiedenen Gelegenheitsjobs und versuchte sich als Schriftsteller. 1938 erschien ein Band Erzählungen über den Rassismus in den Südstaaten: »Uncle Tom's Children«. Der Durchbruch gelang ihm 1940 mit dem Roman »Native Son«, eine im zupackenden Stil geschriebene Geschichte über den Rassismus der Dreißigerjahre in Chicago. Der knapp sechshundertseitige Roman ist im eigentlichen Sinn ein Epos, er erzählt das Leben von Bigger Thomas, der in Verhältnisse hineingeboren wird, die ihn von Anfang an schuldig machen, er wird zum Vergewaltiger, zum Mörder und landet schließlich auf dem elektrischen Stuhl. Wright entwarf mit Bigger Thomas eine Hauptfigur, für die man keine Spur von Sympathie empfinden kann, ein Schwarzer, der so ist, wie die rassistischen Weißen den Afroamerikaner aus dem Ghetto beschrieben: gewalttätig, kriminell, hinterhältig. Er kann seiner ursprünglichen Valoration nicht entkommen, sein Leben besteht darin, zu lernen, was er ist: ein Vergewaltiger und Mörder.

Es gibt keine mildernden Umstände. Oder doch? Der jüngere Kollege James Baldwin, anfangs ein großer Bewunderer Wrights, später dessen Konkurrent und scharfer Kritiker, der gegen seine Vaterfigur kämpfte, klagte mildernde Umstände ein. So sei kein

Schwarzer aus dem Ghetto, meinte er, dieses düstere Bild sei eine Denunziation. Alles, was Bigger Thomas sei, wurde ihm angetan, er sei so gemacht worden und nicht durchgängig schlecht und böse. Wright, so Baldwins Vorwurf, zeige nicht den Prozess, nicht das Gemachtwerden, die Zurichtung, die die Weißen den Schwarzen antäten. Wright sieht die Rassendiskriminierung, aber für ihn ist die Gewalt eine Macht, die den Schwarzen von Geburt an bestimmt, er bestreitet, dass es da noch etwas anderes gebe, ein vermeintlich besseres Sein, einen ›guten Kern‹, den man retten könne. Ein Mensch, der so aufwüchse, den man so in die Welt gesetzt hätte, ein solcher Mensch sei verloren, man könne ihn nicht bessern, nicht umerziehen: ein inferiorer Charakter – Abschaum.

Das alles ist für zartbesaitete Leser schwer zu ertragen. Wright wollte sein Publikum schockieren und aus der Reserve locken, er wollte zeigen, dass die Weißen mit ihrem Glauben an Assimilation und Segregation am Ende sind, sie können die Gewalt, die sie den Schwarzen angetan haben, nicht zurücknehmen, nicht ungeschehen machen, es ist eine »konstituierte Natur«.[91] Simone de Beauvoir wird sich auf diese These in ihrem Reisetagebuch »Amerika Tag und Nacht« beziehen und eine bemerkenswerte Argumentation entwickeln. Sie spricht von der »Tatsache«, »daß die Schwarzen minderwertiger als die Weißen *sind*«. Und sie wirft die Frage nach der Ungleichheit der Ethnien auf, die ja nicht nur in den Köpfen, in den Vorstellungen existiert, sondern real seien. Um sich davon zu überzeugen, so Beauvoir, genügt es, »durch Amerika zu reisen«.[92] »Native Son« hinterließ heftige Spuren in ihrem Buch und in ihrem Denken.

Wrights Roman war ein großer Erfolg, innerhalb von drei Wochen waren 215 000 Exemplare verkauft. Ein Jahr später wurde unter der Regie von Orson Welles und John Houseman eine Bühnenversion von »Native Son« am Broadway aufgeführt. 1945 kam die spannend geschriebene Autobiografie des Schriftstellers heraus: »Black Boy« (»Ich Negerjunge. Die Geschichte einer Kindheit und Jugend«). Auch dieses Buch wurde zum Bestseller. Wright, so schreibt Sartre 1948 in seinem Essay »Was ist Literatur?«, »wendet sich an die gebildeten Schwarzen des Nordens und an die gutwilligen weißen Amerikaner«,[93] »er ist der Mensch, der die Weißen von außen sieht, der sich die weiße Kultur von außen assimiliert und bei dem jedes Buch die Entfremdung der schwarzen Rasse innerhalb der amerikanischen Gesellschaft zeigen wird. Nicht nur objektiv, in der Art der Realisten, sondern leidenschaftlich und derart, daß er seinen Leser kompromittiert.«[94]

Richard Wright fühlte sich Mitte der Vierzigerjahre in Amerika zunehmend unwohl und angefeindet, er wollte nicht länger in einem Land leben, in dem er aufgrund seiner Hautfarbe diskriminiert wurde. Die Schwierigkeiten, die Wright im Alltag hatte, vergrößerten sich noch dadurch, dass er mit einer weißen Frau verheiratet und eine Zeit lang Mitglied der kommunistischen Partei war. Mehrfach besuchte er mit seiner Frau Ellen in diesen Jahren Paris, und er fand in der französischen Metropole, was er in Amerika vermisste: eine tolerante Atmosphäre, in der man respektvoll miteinander umging. Paris war gleich nach dem Krieg offen, offen für amerikanische Einflüsse. Und die Amerikaner liebten Paris, das war in den Zwanzigerjahren so und gleich nach dem Krieg wieder. Sie kamen in Scharen, gingen in die Cafés, in die Künstlerkneipen und Nachtclubs und amüsierten sich. Die Amerikaner genossen einen großen Vorschuss, sie waren es, die zusammen mit den Alliierten Europa befreit hatten und die mit ihrer Musik, ihrem Lebensstil und ihrer Kultur der Sehnsucht nach Freiheit zum Ausdruck verhalfen. Besonders die jungen Leute waren aufgeschlossen gegenüber der amerikanischen Musik und Kultur. Das war nicht nur in Paris so.[95] Eine besondere Rolle spielte die Musik und Kultur der Schwarzen. Nicht nur der Jazz, sondern der von Schwarzen gespielte Jazz stand hoch im Kurs und galt als der eigentliche, der authentische Jazz. Dieses Verlangen nach Authentizität gehörte zur Zeitstimmung. Vom »guten Negerjazz« schwärmt nicht von ungefähr auch Simone de Beauvoir in ihrem Reisetagebuch: »was wir herbeisehnen, das ist wirklicher, von Negern gespielter Jazz«.[96] Die Amerikaner wiederum waren einigermaßen erstaunt über das große Interesse der Europäer an der Kultur der Schwarzen, eine Kultur, die man selbst eher als Randphänomen und Subkultur wahrnahm, die eigentlich nicht zur nationalen Kultur gehörte.

Im Frühjahr 1947, als Beauvoir ihre Amerikareise machte, wohnte sie zeitweise bei den Wrights in New York. Man diskutierte über Amerika, über die Rassendiskriminierung und die Schwierigkeiten für einen Afroamerikaner im Alltag. Das unkomplizierte Zusammensein mit Beauvoir beförderte bei Wright den Entschluss, nun endlich Amerika den Rücken zu kehren und nach Paris umzuziehen. Sartre und Beauvoir sorgten dafür, dass Wright eine gewisse Bekanntheit in Paris erlangte, sie druckten einige seiner Essays in »Les Temps Modernes« ab, sprachen Verleger an, um seine Manuskripte zu empfehlen und machten ihn mit ihren Freunden bekannt, unter anderem mit Camus. Gleichwohl – mit seinen schriftstellerischen Arbeiten konnte Wright nicht mehr an seine großen Erfolge anknüpfen, er blieb der Autor von »Native Son«. Sein 1953 erschienener existentialistischer Roman »The Outsider«, in dem er über Rassendiskriminierung auf dem Höhepunkt der McCarthy-Ära schrieb, blieb ebenso erfolglos wie sein ein Jahr später erschienener Roman »Savage Holiday«, der im Milieu der weißen Amerikaner spielt. Wright wandte sich Mitte der Fünfzigerjahre politischen und soziologischen Themen zu. 1954 verfasste er ein Buch über die Unabhängigkeitsbestrebungen der afrikanischen Kolonien: »Black Power« – ein Begriff, der unter etwas anderen Vorzeichen in den Sechzigerjahren Karriere machen sollte. Wright interessierte sich vor allem für die postkolonialen Entwicklungen in Afrika und Asien. 1955 reiste er zur ersten asiatisch-afrikanischen Konferenz in die indonesische Stadt Bandung, seine Eindrücke hielt er in dem Buch »The Color Curtain« fest, die Einleitung schrieb der schwedische Ökonom Gunnar Myrdal.

An American Dilemma

Als Wright im Frühjahr 1947 mit Simone de Beauvoir über das Thema Rassismus diskutierte und sie auf Literatur aufmerksam machte, stand ein Werk ganz oben auf der Liste der Empfehlungen: die 1944 erschienene fast 1500-seitige Studie Gunnar Myrdals: »An American Dilemma. The Negro Problem and Modern Democracy«. Beauvoir war von diesem epochemachenden Werk auf Anhieb begeistert. Während ihrer Arbeit am Reisetagebuch schreibt sie ihrem Freund und Geliebten Nelson Algren, wie hingerissen sie von diesem großen Werk sei.[97] Das hatte nicht zuletzt damit zu tun, dass Myrdal eine Analogie zwischen der Unterdrückung der Schwarzen und der Unterdrückung der Frauen herstellte. Von diesen Analogien »zwischen dem Status der Neger und dem der Frauen«[98] fühlte sich Beauvoir zu ihrem neuen Buch über »Das andere Geschlecht« inspiriert.[99]

Myrdals soziologische Untersuchung zur Situation der Afroamerikaner war in vielerlei Hinsicht bahnbrechend, aber die Perspektive, die er anzubieten hatte, war höchst umstritten und, im wahrsten Sinne des Wortes, ein Ausdruck des amerikanischen ›Dilemmas‹. Myrdal plädierte für eine Assimilation der Schwarzen an die weiße amerikanische Kultur. »Verbesserung durch Selbstverbesserung«[100] nennt das heute Ibram X. Kendi in seiner Geschichte des Rassismus in Amerika. Eine Strategie, die man zur Lösung des »Negerproblems« immer wieder empfohlen hat. Die Schwarzen sollten durch ihr positives Beispiel die Weißen davon überzeugen, dass sie so gut wie die Weißen seien.

Sartres scharfe Kritik an der Rassensegregation war damals ein Novum. Die »Negerfrage« galt als Tabu, das wird zwei Jahre später auch Simone de Beauvoir erfahren, sie musste gleich nach ihrer Ankunft ihren Gastgebern versprechen, bloß nichts über die Farbigen zu schreiben – und sie tat es dann doch. Ihr Reisetagebuch »Amerika Tag und Nacht« kulminiert in der »Negerfrage«.

In den Vierzigerjahren waren es vor allem die französischen Intellektuellen, die in der Kritik an den Vereinigten Staaten einen Blickwechsel herbeiführten. Nicht mehr der Dualismus von Kultur und Zivilisation stand im Mittelpunkt, sondern der Rassismus, der, so Beauvoir, »die Kluft zwischen Ideal und Wirklichkeit«[101] der amerikanischen Demokratie offenbare. Für die weißen Amerikaner war die Rassentrennung ganz selbstverständlich, sie waren erstaunt, wie allergisch und sensibel die Franzosen auf dieses Faktum reagierten. In der Tat, so bedeutsam die »Negerfrage« für Sartre und Beauvoir war, die Faszination ›Amerika‹ hatte sich damit noch nicht erledigt, die Kritik an der Rassentrennung wurde ins bedeutend Allgemeine verschoben. Beauvoir gab dafür in »Das andere Geschlecht« den Ton vor, die Rassentrennung sei nur *ein* Aspekt einer viel größeren Unterdrückung, es handle sich um einen Zusammenhang: »Juden, Schwarze, Frauen«.[102] Damit wurde das Problem auf eine andere Ebene gehoben: Nicht Amerika im Besonderen, sondern der Kapitalismus im Allgemeinen geriet ins Zentrum der Kritik. Was Amerika anging, so traf Beauvoirs Einschätzung in ihren Memoiren »Der Lauf der Dinge« die Stimmung um 1945: »Fast sämtliche Intellektuellen, auch die, die sich als Linke bezeichneten, waren einem Amerikanismus verfallen, der dem Chauvinismus meines Vaters ebenbürtig gewesen wäre. Sie billigten Trumans Reden. Ihr Antikommunismus war fast neurotisch.«[103]

A Star is born

Auch Sartre und Beauvoir waren um diese Zeit dem »Amerikanismus verfallen«. Von der Sowjetunion hatte man sich bereits vor dem Krieg abgewandt: Das Rollback in Kunst und Literatur, die Rücknahme sozialer Reformen, insbesondere aber die Moskauer Schauprozesse, hatten den Kommunismus unter den französischen Intellektuellen in Verruf gebracht. In Frankreich sympathisierten die Intellektuellen lange Zeit mit dem Bolschewismus und den kollektivistischen Experimenten in der Sowjetunion, auch dann noch als Stalin ganz andere Saiten aufzog. Zu den vielen Begeisterten gehörte damals auch André Gide. Im Sommer 1936 fuhr er zur Beisetzung Maxim Gorkis in das von ihm zuvor gelobte Land. Von dem, was er bei dieser Reise sah und hörte, war er entsetzt und empört, vor allem auch deshalb, weil er einer Illusion aufgesessen war und sich grundlegend getäuscht hatte. Die ganze Sache war ein Irrtum, das stalinistische System hatte, wie er nun sehen konnte, mit einem Arbeiter- und Bauernparadies nichts, aber auch gar nichts zu tun. André Gide schrieb »Retour de l'U. R. S. S.« (»Zurück aus Sowjet-Rußland«) – um mit einem sachlichen, gemäßigten Bericht den Sympathisanten dieses totalitären Systems die Augen zu öffnen. Unter den französischen Intellektuellen hatte Gides Buch Erfolg. – Vom Kommunismus stalinistischer Prägung rückten viele ab, auch Sartre, der ohnehin nicht zu den großen Bewunderern zählte, sondern eher zu den kritischen Sympathisanten. Es sei in diesem Zusammenhang noch erwähnt: Ein deutscher Schriftsteller, Lion Feuchtwanger, versuchte ein Jahr später mit seinem Reisebericht »Moskau 1937«, zu retten, was nicht mehr zu retten war. Feuchtwanger schrieb sein schönfärberisches und unwahrhaftiges Elaborat während der Moskauer Schauprozesse. Bis Ende 1938 sollten infolge dieser Prozesse sieben Millionen Menschen in Arbeitslager und Gefängnisse interniert und drei Millionen Menschen ermordet werden. Vom Mythos ›Sowjetunion‹ blieb spätestens jetzt nichts mehr übrig.

Durch den Krieg wurden jedoch die Kontroversen, die Ende der Dreißigerjahre aufbrachen, einige Zeit überdeckt.

Als Sartre dann nach dem Krieg zum Wortführer einer intellektuellen Elite aufstieg, hatte das viel mit Amerika zu tun. Die Kommunisten forderten von ihm, den sie als kleinbürgerlichen Intellektuellen ansahen, Anpassung an die Parteilinie, Unterwerfung unter die Beschlüsse, kritiklose Bewunderung des Arbeiter- und Bauernstaats: Das alles war Sartres Sache nicht, er sah sich als Solitär und wollte als Wortführer der Intellektuellen aufsteigen. Dazu bot ihm Amerika eine Plattform und das richtige Lebensgefühl – Freiheit und Abenteuer. Sartre war, so könnte man Hannah Arendt variieren, ein europäischer Kolonist, der den Ozean überquerte und auf der anderen Seite des Atlantiks nach seinen Träumen suchte und sie auch fand.[104] In Amerika sah man ihn als Shooting Star einer jungen europäischen Generation, ein Intellektueller, der mit neuen Begriffen die Welt erklärte. Dabei gab es, man muss sich das in Erinnerung rufen, in gedruckter Form kaum übersetzte Texte von Sartre, das Ganze funktionierte über die Person, über Charme und Charisma, die – folgen wir Max Weber – keine objektiven Größen sind, sondern subjektiv zugeschrieben werden. In unzähligen Interviews und Vorträgen wurde Sartre während seiner beiden Aufenthalte hofiert und aufgebaut. Jede Äußerung wurde publiziert und ernst genommen. Witzig gemeinte Bemerkungen über Camus, den man in Amerika dem Namen nach kannte und den Sartre flapsig als Talent bezeichnete, und über Jean Genet und Simone de Beauvoir, Namen, die in Amerika völlig unbekannt waren, die Sartre als die kommenden Größen der französischen Literatur pries – die Presse nahm solche Äußerungen begierig auf und druckte sie. Sartre war ein »Medien-Intellektueller«,[105] er wusste, wie man Aufmerksamkeit erzeugt. Nicht Camus, Genet oder Beauvoir waren die Stars der intellektuellen Szene, sondern er selbst, er vergab die Noten und legte die Reihenfolge fest. Und in Sartre hatten die Medien einen Intellektuellen, dem sie vertrauen konnten. In seiner Kritik und Distanz gegenüber der Sowjetunion und dem Kommunismus entsprach der Philosoph politisch dem, was man in den Vereinigten Staaten erwartete und zu goutieren wusste. Kein Mann Moskaus, so viel war klar. Das alles sollte sich jedoch in den kommenden Jahren ändern. Sartres Wende hin zum Kommunismus sowjetischer Prägung hatte viel mit dem Kalten Krieg zu tun, dessen Beginn man auf den Sommer 1947 datieren kann. Am 5. Juni stellte der amerikanische Außenminister George C. Marshall seinen Plan vor, der Europas Wirtschaft auf die Beine helfen und den Kommunismus von Europa fernhalten sollte. Einen Monat später verständigten sich in Paris sechzehn europäische Länder auf eine marktwirtschaftliche Wirtschaftsordnung nach amerikanischem Vorbild, die Länder des Ostens, die eingeladen waren, sagten auf Druck Moskaus ab. Die Welt war in zwei Blöcke gespalten. Sartre gründete im Februar 1948 zusammen mit dem Schriftsteller, politischen Aktivisten und Überlebenden eines Konzentrationslagers David Rousset eine Bewegung (Rassemblement démocratique révolutionnaire – RDR), die für einen dritten Weg warb, jedoch nur kurzzeitig Bestand hatte. Die Bewegung zerfiel in zwei politische Lager. Sartre orientierte sich in den folgenden Jahren mehr und mehr an der kommunistischen Partei (PCF). Als er dann im Sommer 1954, eingeladen von der KPdSU, seine erste Reise in die Sowjetunion antrat, stand er völlig auf der anderen Seite und bekannte sich mit glühenden Worten zum Kommunismus und zum herrschenden System. Er wird, ähnlich wie 1945 in Amerika, im Land herumgefahren, ihm werden die Fabriken, die Universitäten, die Krankenhäuser, die Kirchen und Moscheen gezeigt – es ist eine Art Déjà-vu; er spricht mit Arbeitern und Studenten, mit Schriftstellern und Künstlern und ist offenbar – anders als in Amerika – nahezu restlos begeistert von dem kommunistischen Land und der Aufbruchstimmung. In Interviews, die er nach seiner Rückkehr im Juli 1954 der Zeitung »Libération« gibt, zeigt er sich fasziniert von der Dynamik der Gesellschaft und preist die UdSSR als Hort der Freiheit. Der Mensch würde in der Sowjetunion von klein auf in die Gemeinschaft integriert und habe seinen festen Platz im sozialen System. Alles das, was er 1945 an Amerika kritisiert, wird 1954, bezogen auf die Sowjetunion, mit positiven Vorzeichen versehen. Das Paradies Amerika mit seinem Reichtum und seinem weiten Horizont wird jetzt umgeschrieben in das Bild einer mythischen, exotischen Sowjetunion, einem

Land, in dem es (angeblich) keine Privilegien gibt und ein ganz neuer Mensch existieren soll.

Zurück in das Jahr 1945. Mit der bedingungslosen Kapitulation Deutschlands war am 8. Mai der Krieg in Europa beendet. Im Mai kehrte Sartre nach Paris zurück. Der Krieg war zwar zu Ende, aber der Friede hatte noch nicht begonnen, schrieb er. Und das entsprach durchaus dem Gefühl, das er hatte – in Paris sollten die wirtschaftlichen Verhältnisse noch lange prekär bleiben. Sartre aber kehrte aus einem Land zurück in dem Frieden herrschte. »Es war genauso, als wäre wieder Frieden«,[106] so erinnert sich Sartre, wie bereits oben zitiert. Amerika war eine betörende Erfahrung für den Philosophen, nicht weil hier seine über alles geliebte Dolorès Vanetti lebte – das natürlich auch, Amerika war – und das hat ihn fasziniert – ein Land voller Mythen, »Mythen vom Glück, vom Fortschritt, von der Freiheit, von der Gleichheit, dass alles möglich ist, Mythen, die die Amerikaner zu den optimistischsten Menschen der Welt machen«.[107] Unter dem Titel »Tableautins d'Amérique« schreibt er ein paar fragmentarische Gedanken über die Mythen Amerikas, die uns alle irgendwie elektrisieren: »Es gibt [...] diese verführerischen Slogans, die einen auffordern, so schnell wie möglich glücklich zu sein, die Filme, die ›gut ausgehen‹ [...], es gibt diese Sprache, die mit knappen optimistischen Ausdrucksweisen überladen ist: *›have a good time‹, ›enjoy‹, ›life is fun‹* etc. ...«[108] Amerika war aber auch deshalb eine betörende Erfahrung für Sartre, weil dieses Land ihn in seinem Bestreben beflügelte, als intellektueller Sinnproduzent ganz oben zu stehen. Der Kampf um die »Deutungshegemonie«,[109] den er 1943 mit »Das Sein und das Nichts« begonnen hatte, gewann in Amerika an Schubkraft. Denn auch die Amerikaner waren ganz vernarrt in den neuen Philosophen mit seinen Begriffen von Freiheit und Wahl – vom Menschen, der sich selbst erschafft und für die Wahl, die er im Leben trifft, allein die Verantwortung trägt. Ohne dass Sartre davon Notiz nahm, hatten die existentialistischen Begriffe und Konstrukte einige Schnittmengen mit dem berühmten amerikanischen Individualismus. Sartre zog von allen eingeladenen Gästen die meiste Aufmerksamkeit auf sich. Er war der Stichwortgeber und Wortführer, obwohl er ja kaum Englisch konnte, doch Dolorès Vanetti war im Zweifelsfall zur Stelle. Sie war nicht nur Geliebte, sondern auch Agentin und Übersetzerin, vor allem wusste sie, was die Amerikaner schätzten. Nach dieser Maßgabe präsentierte sich Sartre als die intellektuelle Stimme Frankreichs, die man in Amerika gern hörte, ohne dass man ein Wort von ihm gelesen hatte.

Im Juli erschien in der amerikanischen »Vogue« unter dem Titel »New Writing in France« ein längerer Essay von Jean-Paul Sartre. In unmittelbarer Nachbarschaft veröffentlichte der intellektuelle Kopf der Demokraten, US-Senator James William Fulbright, einen Aufsatz zum Thema: »The Price of Peace is the Loss of Prejudices«. Ebenfalls im Heft ein Bericht über das Museum of Modern Art. Und die Mode kam natürlich auch nicht zu kurz: die verwegen anzuschauenden Modelle zeigen »Midsummer Fashion«.

Zwischen alledem also: Jean-Paul Sartre, er schreibt über André Malraux, Maurice Blanchot, Michel Leiris, den Kunsthistoriker und Résistance-Kämpfer Jean Cassou, über den Dramatiker Jean Anouilh und natürlich – und sehr ausführlich – über Albert Camus, den zu dieser Zeit hochgeschätzten Freund, der gerade dabei war, den Roman »Die Pest« abzuschließen, den Roman, der ihn weltberühmt machen wird. Sartre führt in die Handlung des Romans ein wenig ein und macht das Publikum neugierig.

Jeder Beitrag in der »Vogue« war zumindest mit einem Foto versehen. Sartres Essay ziert oben links ein kaum Passfoto großes Bild, das Simone de Beauvoir zur Verfügung gestellt hatte. Es zeigt einen jungen Mann mit dicker Hornbrille, streng zurückgekämmtes Haar, freundlich und harmlos in die Kamera blickend. War das der Shooting Star der Franzosen? Hatte die Redaktion vielleicht die Bilder vertauscht? Der junge Mann sah aus wie ein Postbeamter, der gerade seine Laufbahn im mittleren Dienst begonnen hatte, aber nicht wie der subversiv denkende Philosoph aus Frankreich. Die Redaktion dachte wohl ganz ähnlich: So konnte man den Lesern der »Vogue« keinen Revolutionär und Résistance-Kämpfer vorstellen. Andererseits musste man zu dem Foto stehen, es war authentisch. Und so fügte die Redaktion dem Essay ein paar leicht eingerückte, unmissverständliche Worte hinzu. Worte, die keinen Zweifel zulassen sollten, die der Leser aber gleichwohl mit einer gewissen Überraschung liest: »Sartre sieht aus wie die Männer auf den Barrikaden in den Bildern des Pariser Aufstandes.«[110] Das gibt freilich das Bild nicht her, und so musste man, um das Äußere prägnanter zu fassen, seitens der Redaktion auf eine persönliche Begegnung mit dem Philosophen zurückgreifen: Im wirklichen Leben sehe der Vierzigjährige zwar »klein und unscheinbar« aus, aber sein »warmer Trenchcoat, seine Pfeife und seine Brille mit den schweren Rändern« wirken wie eine Uniform. Und für alle noch Ungläubigen heißt es apodiktisch: »Er war in der Tat ein Mann des Widerstands«, ein »bewundernswerter Mann«, der »heute die Richtung der französischen Literatur« bestimmt. »Als Philosoph und Romancier war Sartre vor dem Krieg das Zentrum eines Kults unter jungen französischen Intellektuellen; seine Rolle in der Résistance scheint sein Werk breiter und menschlicher gemacht zu haben.«[111] Amerika feierte Sartre und Sartre feierte Amerika als die hegemoniale Weltmacht.

Ich war bereit, Amerika zu lieben

Blickt man von heute aus auf das Jahr 1945, dann stehen zwei Ereignisse im Mittelpunkt: das Kriegsende in Europa am 8. Mai mit der bedingungslosen Kapitulation Deutschlands und die Atombombenabwürfe der Amerikaner auf Hiroshima und Nagasaki am 6. und 9. August, die am 15. August zur bedingungslosen Kapitulation Japans führten. Wir sind heute geneigt, die beiden Atombombenabwürfe als Zäsur in der Menschheitsgeschichte wahrzunehmen, das war bei vielen Zeitgenossen aber keineswegs der Fall. Auch Sartre kommentierte den Abwurf der Bomben, doch der Aufsatz, in dem er das tat, trägt den Titel »Das Ende des Krieges«, veröffentlicht im Oktober 1945 in der ersten Nummer von »Les Temps Modernes«.

Sartre reagiert auf den Atombombenabwurf nicht schockiert, es war kein Aufschrei, wie bei Camus, der die Bombenabwürfe als Höhepunkt der Barbarei verurteilte. Sartre sieht in den Abwürfen auch kein amerikanisches Problem, sondern ein Problem der »Menschheit«, die sich »in den Besitz ihres Todes gebracht« hat.[112] Die Menschheit kann sich nun selbst zerstören. »Die kleine Bombe, die auf einen Schlag hunderttausend Menschen töten kann und morgen zwei Millionen töten wird, stellt uns plötzlich vor unsere Verantwortungen. Beim nächstenmal kann die Erde hochgehen.«[113] Wir sind verantwortlich, und es sei eben nicht so, dass die Menschen, wie zuweilen behauptet würde, »einem Verrückten ausgeliefert«[114] sind, der über Leben und Tod entscheidet. »Die Atombombe steht nicht dem erstbesten Geistesgestörten zur Verfügung; dieser Verrückte müßte ein Hitler sein, und wie für den ersten wären wir für diesen neuen Führer alle verantwortlich.«[115]

Sartre rationalisiert, ja, man könnte fast sagen, er beruhigt. Kein Wort zum Präsidenten der Vereinigten Staaten Harry S. Truman, der den Befehl gab und mit dem Abwurf den Durchhaltewillen der Japaner schwächen wollte. Auf diese Weise sollten für die amerikanischen Truppen lange verlustreiche Kämpfe vermieden werden – was auch gelang. Das von amerikanischer Seite vorgebrachte Argument, dass durch den Atombombenabwurf und den damit erzielten Effekt der Abschreckung, Leben gerettet und der Krieg früher beendet werden könne, fand damals durchaus Zuspruch – auch und gerade unter den Intellektuellen, die sich nichts sehnlicher wünschten als ein Ende des Krieges.

Sartre gehörte dazu, er war ein entschiedener Gegner der Militarisierung und des Krieges. Was Krieg und Frieden angeht, so zeigt sich in »Das Ende des Krieges« seine Resignation, seine Müdigkeit: »Wir glauben nicht mehr an das Ende des Krieges; ja, wir sind derart an den Lärm der Waffen gewöhnt, derart abgestumpft von unseren Wunden und unserem Hunger, daß es uns nicht einmal mehr ganz gelingt, dieses Ende zu wünschen. Teilte man uns morgen mit, daß ein neuer Konflikt ausgebrochen sei, wir sagten mit resigniertem Achselzucken: ›Das ist der Lauf der Dinge.‹«[116]

Doch war Sartre im Herbst 1945 resigniert? Oder war bei ihm die Stimmung nicht besser als die Lage? Als die beiden Bomben fielen, machte er zusammen mit seiner Mutter Ferien auf dem Lande und schrieb das Theaterstück »Tote ohne Begräbnis«, die Geschichte von fünf Widerstandskämpfern, denen, nach einer gescheiterten Aktion, die Folter droht. Nicht alle glauben, ihr gewachsen zu sein. Sorbier begeht Selbstmord, Henry, Canoris und Lucie beschließen, den jungen François zu erwürgen, weil sie meinen, er würde der Folter nicht standhalten und den Anführer Jean, der flüchten konnte, verraten. Sartre inszeniert ein Gedankenexperiment, er will zeigen, was es bedeutet, in Situationen, in denen Menschen widersprüchlichen moralischen Anforderungen gegenüberstehen, Antworten zu finden, Antworten auf moralische Dilemmata. Für jede Handlungsoption gibt es eine bindende moralische Norm. Wie man sich auch entscheidet, man macht sich schuldig. Im Grunde ist jede Option falsch. Sartre bietet keine Lösung, er konfrontiert das Publikum mit der Frage: Was soll man in dieser Situation tun? Wie würde ich mich verhalten?

Sartre war in seinem Element. »Tote ohne Begräbnis« war von ihm als Vorspiel für den großen Auftritt am 28. Oktober 1945 im »Club Maintenant« gedacht, gewissermaßen das praktische Beispiel zu den theoretischen Thesen, die er an diesem Abend vorstellen wollte. Sein berühmter Vortrag »Der Existentialismus ist ein Humanismus« war alles andere als ein überraschender Zufallserfolg. Die oben erwähnten Warteschlangen am Einlass, der überfüllte Saal, das große Gedränge, durch das sich der Redner mit Mühe zum Podium durchkämpfen musste, dieses Szenario, das von der Sartre-Forschung als eine Art Pop-Event ausgemalt wird, bei der, wie bei einem Beatles- oder Stones-Konzert, Stühle zu Bruch gingen und Frauen in Ohnmacht fielen, war, bei allem was man heute weiß, ein von der Sartre-Entourage gut vorbereiteter Auftritt. Es wurden nicht nur Plakate und Flugblätter verteilt, in den wichtigen Zeitungen »Le Monde«, »Le Figaro«, »Combat« und »Libération« wurden Anzeigen geschaltet – für die Veranstalter eine kostspielige Geschichte mit hohem Risiko.[117] Doch es hat sich schließlich gelohnt. Die »existentialistische Offensive«,[118] die man nach der Rückkehr Sartres aus Amerika für den Herbst 1945 geplant hatte, sie war äußerst erfolgreich.

Als eine Philosophie der Freiheit stellt Sartre den Existentialismus vor. Er beginnt seinen Vortrag nicht von ungefähr mit einer Abgrenzung zum Kommunismus und den Vorwürfen der Kommunisten gegen den Existentialismus, den sie als »bürgerliche Philosophie«,[119] als Philosophie des Luxus, als ein Anliegen von kleinbürgerlichen Intellektuellen kritisierten. Gestärkt durch seine amerikanischen Erfahrungen tritt Sartre mit einigem Selbstbewusstsein solchen Vorwürfen entgegen. 1945 steht er, bei aller Kritik an der Rassendiskriminierung, auf der Seite Amerikas – oder soll man sagen auf der Seite von Dolorès Vanetti – auch das wäre nicht ganz falsch. »Dolorès hat mir Amerika geschenkt«,[120] sagt der siebzigjährige Sartre. 1945 aber gilt der Satz von Simone de Beauvoir: »Ich war bereit, Amerika zu lieben. Es war allerdings das Vaterland des Kapitalismus, aber es hatte dazu beigetragen, Europa vom Faschismus zu befreien. Die Atombombe hatte ihm die führende Rolle in der freien Welt gesichert, und es hatte nichts mehr zu befürchten.«[121]

In Amerika habe ich mehr als Amerika gesehen

Sartre und Beauvoir erkunden Amerika auf den Spuren ihres großen Landsmannes Alexis de Tocqueville, der, zusammen mit seinem Freund und Kollegen Gustave de Beaumont, gut hundert Jahre früher das Land bereiste. Im Mai 1831 treten die beiden Franzosen ihre Reise durch Amerika an, sie erkunden New York und seine Umgebung, fahren nach Boston, Philadelphia, Baltimore und Washington. Tocqueville und Beaumont halten sich aber nicht nur in den großen Städten auf, sie reisen nach Kanada und, den Mississippi hinunter, in den Süden der USA, bis New Orleans. In Nordamerika hatte das Eisenbahn-Zeitalter gerade erst begonnen, noch waren Straßen und Flüsse die wichtigsten Transportwege. Tocqueville und Beaumont bewegten sich mit der Postkutsche und dem Dampfschiff durch das Land. Angezogen von der Wildnis machten sie Exkursionen an die *frontier*, westlich der besiedelten Gebiete, an die äußerste Grenze der europäischen Zivilisation.[122] Sie suchten nach den Ureinwohnen, der indigenen Bevölkerung, und sie mussten feststellen, dass diese großenteils ausgerottet worden war, und die wenigen Indianer, die es noch gab, waren traumatisiert oder dem Brandy erlegen.

Tocqueville und Beaumont hielten sich gut neun Monate, bis zum 20. Februar 1832, in Amerika auf. Gemessen an den Transportmitteln, die damals zur Verfügung standen, bewegten sie sich mit großer Geschwindigkeit durch das Land. Sie waren aufgebrochen, um Amerika zu studieren, sie wollten »dort lernen, was uns zum Nutzen gereichen könnte«.[123] Hundert Jahre später hat sich die Mobilität um einiges erhöht. Sartre und Beauvoir reisten mit dem Flugzeug, dem Greyhound, der Eisenbahn und dem Taxi. In den wenigen Wochen, die sie in Amerika waren,[124] absolvierten sie ein dicht gedrängtes Programm, das gewisse Ähnlichkeiten mit dem ihrer beiden Landsleute hatte. Auch sie verstanden sich als Forscher und Studienreisende in Sachen ›Amerika‹. In Beauvoirs Reisetagebuch taucht der Begriff der »Forschungsreise«[125]

häufig auf. »Ich erforsche New York, Viertel um Viertel«,[126] heißt es in »Amerika Tag und Nacht«. Beauvoir will New York »entziffern«.[127] Immer wieder spricht sie vom Erforschen einer anderen Welt und Kultur, die so anders ist, das sie sie mit »Worten«[128] nicht erfassen kann. Simone de Beauvoir versucht es mit teilnehmender Beobachtung, mit Empathie und Einübung in den amerikanischen Lebensstil: »Ich mach mir nichts aus Whisky, nur die Glasstäbchen, mit denen man ihn aufrührt, habe ich gern. Aber gefügig trinke ich bis 3 Uhr morgens Scotch, denn der Scotch ist einer der Schlüssel zum Herzen Amerikas. Und ich will dahin gelangen [...].«[129]

Bei allen Unterschieden in der Herangehensweise der Amerikareisenden, in einem waren sie sich einig, sie wollten nicht nur das fremde Land sehen, die Naturschönheiten bewundern und mit den Menschen sprechen, sie wollten die Demokratie in Augenschein nehmen, ihre Schwächen und Stärken studieren. Bei Tocqueville heißt es: »Ich gesteh, in Amerika habe ich mehr als Amerika gesehen; ich habe dort ein Bild der Demokratie selbst, ihres Strebens, ihres Wesens, ihrer Vorurteile, ihrer Leidenschaften gesucht; ich wollte sie kennenlernen, und sei es auch bloß, um zu erfahren, was wir von ihr zu erhoffen oder zu befürchten haben.«[130]

Tocqueville kommt zwar mit seinem Klassiker »Über die Demokratie in Amerika« weder bei Sartre noch bei Beauvoir vor, es gibt keinen direkten Bezug, kein Zitat, allenfalls einige Anspielungen, und doch ist er auf bemerkenswerte Weise präsent. Auch Tocqueville fühlte sich von der Vitalität und Dynamik Amerikas angezogen. Bei allen Vorbehalten und Befürchtungen, die er gegenüber dem Land oder gegenüber der Demokratie, insbesondere der Massendemokratie hatte, auch er war bereit, »Amerika zu lieben«. Er sah in diesem Land die Zukunft – Europas Zukunft, die, davon war er überzeugt, nur in der Demokratie liegen könne. In der Alten Welt, der feudalen Gesellschaft, hatten die Menschen qua Geburt bestimmte Rechte und Pflichten. Diese ständische Ordnung hatte sich in Tocquevilles Augen überlebt, sie gehörte den aristokratischen Zeiten an. Amerika verkörperte demgegenüber das dynamische Prinzip einer Gleichheit, in der es keine feudalen Hierarchien und Privilegien gab, in der im Prinzip keiner ausgeschlossen sein und jeder die Möglichkeit haben solle, es zu Wohlstand zu bringen.

Alexis de Tocqueville hatte als Versailler Untersuchungsrichter, zusammen mit Gustave de Beaumont, der in der gleichen Behörde als Staatsanwalt arbeitete, beim französischen Justizministerium den Antrag auf Beurlaubung für eine Studienreise in die Vereinigten Staaten gestellt. Die Antragsteller wollten das amerikanische Strafsystem erkunden, das als besonders fortschrittlich und effizient galt, und prüfen, ob man den französischen Strafvollzug nach dem amerikanischen Vorbild reformieren könne. Die Reise wurde genehmigt. Der fünfundzwanzigjährige Tocqueville, so viel lässt sich sagen, hatte außerdem noch andere Pläne, er wollte die Welt sehen, träumte von einer Karriere als Politiker oder Schriftsteller. Wie die Briefe an seine Mutter und seine Schwester zeigen, trug er sich mit dem Gedanken, ein opulentes Buch über die Vereinigten Staaten zu schreiben. Er hatte allerdings seine Zweifel, ob er, angesichts der Größe des Landes und der Kürze der Zeit, die ihm zur Verfügung stand, diese Mammutaufgabe bewältigen könnte.

Tocqueville und Beaumont besuchten gleich in den ersten Wochen mehrere Haftanstalten in Manhattan. Dabei handelte es sich nicht im eigentlichen Sinn um Gefängnisse, sondern um Erziehungsanstalten für straffällige Minderjährige und um eine Heilanstalt, in der Menschen mit religiösen Wahnvorstellungen und Alkoholiker untergebracht waren. Das erste ›richtige‹ Gefängnis, das sie inspizierten, war die 1826 eröffnete Haftanstalt Sing Sing am Hudson River in der Nähe von New York City. Bei ihrem neuntägigen Besuch dieser Anstalt führten sie Gespräche mit dem Gefängnisleiter und den Insassen, besichtigten die Zellen, ließen sich über den Vollzug und über die Möglichkeit der Resozialisierung aufklären. In ihrem Abschlussbericht über das Gefängnissystem in Amerika schreiben sie über »die bewundernswürdige Ordnung, welche in Sing Sing herrscht«: »Die Sträflinge dieses Gefängnisses sind damit beschäftigt, Steine aus den Brüchen herauszuholen, welche außerhalb der Ringmauern des Besserungshauses liegen, so daß 900 nur von 30 Aufsehern bewachte Sträflinge, frei im Felde arbeiten, ohne daß irgendeine Fessel ihre Hände oder Füße belästigt.« Die Basis dieser Ordnung sei das

»Stillschweigen«, die Isolation.[131] In Sing Sing fanden Arbeit und Mahlzeiten in Gemeinschaft statt, isoliert wurden die Insassen nur in der Nacht. Als nächstes stand die Haftanstalt Auburn im Staat New York auf dem Programm. 1823 hatte man hier das »silent-system« eingeführt, die Häftlinge wurden in der Nacht in ihren Einzelzellen eingeschlossen, für die Mahlzeiten und die Arbeit am Tag galt ein absolutes Schweigegebot. Das Modell der Isolationshaft war von den Quäkern in Philadelphia inspiriert, die der Auffassung waren, nur in der totalen Einsamkeit könne der Häftling seine Sünden bereuen und wieder zu Gott finden. Es waren die Klosterregeln mit ihrem Disziplinarregime, die in das vermeintlich moderne Konzept der Isolationshaft umgeschrieben wurden.

»Die Strafe«, so Michel Foucault, »muß nicht nur individuell sein, sondern auch individualisierend.«[132] Foucault hat in »Überwachen und Strafen« die unterschiedlichen Konzepte und die Diskussion in Frankreich Anfang des 19. Jahrhunderts vorgestellt. In Tocqueville und Beaumont sah er die Befürworter des amerikanischen Systems, die die »absolute Isolation« »gepriesen« hätten.[133] Bezieht man sich auf den 1833 erschienenen zweibändigen Untersuchungsbericht, dann formulieren die beiden Forscher jedoch sehr vorsichtig, sie referieren mehr die Grundgedanken des Systems, als dass sie Stellung nehmen: »In der Einsamkeit denkt er [der Gefangene] nach. Allein mit seinem Verbrechen, lernt er es hassen, und wenn sein Gemüt noch nicht durch das Schlechte ganz verderbt ist, werden ihn in der Einsamkeit Gewissensbisse bedrängen.«[134] Das moralische Gefühl erwacht im Alleinsein, »in der absoluten Isolierung«.[135] Im Schweigen, in der Abkehr von der Welt, entsteht die Beziehung zum eigenen Gewissen, und es ist dieser Selbstbezug, nicht äußerer Zwang und Furcht, der zur Besserung und Umkehr führt.[136] Tocqueville und Beaumont beschreiben die Methode als eine Verlagerung der Strafen, die sich nicht auf den Körper, sondern auf den Geist richten, und sie kritisieren diese Verlagerung als eine infame Art der Tortur. »Die Strafe hier«, so Tocqueville, »ist die mildeste und zugleich die schrecklichste, die je erfunden wurde. Sie richtet sich nur an den Geist des Menschen, aber sie übt eine unglaubliche Macht über ihn aus.«[137] Tocqueville stand dem Modell der »absoluten Isolierung« durchaus ambivalent gegenüber, in Briefen, die er aus Amerika schickte, spart er nicht mit Kritik an einem System, das die Häftlinge zum Wahnsinn treiben würde. Im Untersuchungsbericht, den er zusammen mit Beaumont formulierte, wird dagegen die Hoffnung geäußert, dass der Delinquent durch die Prozeduren der Abschließung und Isolation wieder zu einem sozialen Individuum werde.

Die Isolationshaft, die Amerika Anfang des 19. Jahrhunderts im Strafvollzug einsetzt, wurde in der Zeit als Tocqueville und Beaumont ihre Forschungsreise absolvierten, in Frankreich heftig diskutiert.[138] Das amerikanische Modell (»absolute Isolation«) stieß in Frankreich auf Widerstand. In dieser Situation – das wird oft verkannt – war das Forschungsprojekt der beiden Juristen alles andere als abseitig, die Regierung war an dem Projekt interessiert und erwartete Ergebnisse, um die Reformbestrebungen voranzutreiben. Und in der Tat widmete sich Tocqueville nach seiner Rückkehr der Reform des französischen Strafsystems. 1833 aber ging sein Blick ins Weite, er wollte für sein großes Buch über die Demokratie recherchieren, das Strafsystem interessierte ihn da nur bedingt. Auch sein Freund Beaumont hatte noch anderes im Sinn, er arbeitete an einem Roman, der die Sklavenfrage und die Rassendiskriminierung thematisiert: »Marie, ou L'esclavage aux États-Unis. Tableau de mœurs américaines« (1835). Schärfer noch als Tocqueville kritisiert Beaumont in diesem Werk, gedeckt durch die Fiktion, die Sklaverei und die Situation der Afroamerikaner. Er stellt die Frage, wie denn die in der amerikanischen Gesellschaft hochgehaltenen Ideale der Demokratie zu dieser Wirklichkeit passen.

Der 1835 erschienene erste Band »Über die Demokratie in Amerika« machte Tocqueville mit einem Schlag berühmt. Mit dem »Bild der Demokratie«, das der Autor entwarf, traf er auf ein weitverbreitetes Bedürfnis nach Erneuerung der verkrusteten gesellschaftlichen Strukturen. Demokratie hieß das Zauberwort – und mit ›Amerika‹ gab es ein Land, das Tocqueville herbeizitieren konnte, ein Land, in dem all das gelungen war, was in den aristokratischen Ländern Europas bislang gescheitert war. Der Erfolg des Buches hing darum auch mit der politischen Situation in Frankreich zusammen. Es war die Zeit des ›Bürgerkönigs‹ Louis-Philippe, der nach der Julirevolution 1830 an die Macht gekommen war. Er wollte das monarchistische mit dem republikanischen Frankreich versöhnen, davon aber war schon bald nicht mehr die Rede. Unter seiner Regierung übten Bankiers die Herrschaft aus. Geld wurde zum Zweck und Mittel der Politik. Es etablierte sich ein moralisch verworfenes System. Tocqueville nannte die Regierung eine korrupte Aktiengesellschaft, die sich nur mit Bestechungen an der Macht halte. 1835, als Tocquevilles Buch über die Demokratie auf den Markt kam, war das spektakuläre Attentat auf den Bürgerkönig, bei dem der Attentäter eine ›Höllenmaschine‹ mit fünfundzwanzig Gewehrläufen einsetzte, gerade gescheitert – Louis-Philippe sollte noch bis zur Februarrevolution 1848 an der Macht bleiben. In eben diesem Jahr erlebte das Buch »Über die Demokratie in Amerika« die 12. Auflage – und Tocqueville triumphierte, in Siegerlaune schrieb er das Vorwort. Seine Prophezeiungen vom unaufhaltsamen Aufstieg der Demokratie hätten sich bewahrheitet, das Königtum sei vernichtet, nun müsse das republikanische Frankreich, die von ihm beschriebenen Einrichtungen Amerikas studieren. Und er ruft seine Landsleute auf: »Richten wir unseren Blick auf Amerika«.[139]

In Tocquevilles »Augen«, so schreibt Hannah Arendt, »waren die Vereinigten Staaten ein großes und wunderbar ausgestattetes Labor, in welchem die allerneusten Folgerungen aus der europäischen Geschichte erprobt wurden. Europa, wenn nicht die ganze Welt, war im Begriff, amerikanisiert zu werden, das stand für ihn fest.«[140] Tocquevilles Amerikareise war, wie es der Sozialwissenschaftler und Philosoph Robin Celikates formuliert hat, »eine Reise in die Zukunft, jene Zukunft der egalitären Massendemokratie, die er auch für die europäischen Staaten erwartete bzw. befürchtete«.[141] Bisher hatte man das ganz anders gesehen, nämlich genau umgekehrt, der Blick von Europa nach Amerika war der Blick in die eigene Vergangenheit. Lange Zeit war man der festen Überzeugung, dass Amerika die Entwicklung Europas wiederholen würde. Tocqueville prophezeite nun, dass Amerika eine Zukunft war, die Europa noch bevorstand. Der europäische Weg sei an sein Ende gekommen. »Die Menschen unserer Zeit erkennen, daß die früheren Gewalten allenthalben zusammenbrechen; sie sehen alle früheren Einflüsse absterben, alle einstigen Schranken fallen.«[142]

Gleichzeitig spüren sie, so Tocqueville, dass eine Veränderung vor sich geht, »alle sehen sie, aber nicht alle beurteilen sie in gleicher Weise«.[143] Diese Veränderung ist die »große soziale Revolution«,[144] die zur Demokratie führen wird, zu einer Demokratie, die sich in Amerika entwickelt hat. Amerika ist nicht belastet von der Geschichte, hier kann sich, wie Tocqueville betont, die Demokratie frei und ohne alle Einschränkungen entfalten. Europa hat dagegen mit einem Ballast von Geschichte und gescheiterten Revolutionen zu kämpfen. Sobald sich die »Triebkräfte der Demokratie«[145] in Europa zeigen, stoßen sie sofort auf Widerstände.

Alles was Tocqueville seinen Landsleuten von der neuen Welt zu berichten weiß, klingt vielversprechend und zum Teil geradezu fantastisch: »die Menschen sind dort durch größere Gleichheit an Vermögen und Geist gekennzeichnet, oder – mit anderen Worten – sie sind gleichmäßiger stark als in irgendeinem anderen Volk der Erde und zu irgendeiner Zeit, soweit das Gedächtnis der Geschichte zurückreicht.«[146] Immer wieder vergleicht er die Demokratie mit der Aristokratie, aus der er selbst stammt: »Die Gesetze der Demokratie erstreben im allgemeinen das Wohl der größten Anzahl, denn sie entstammen der Mehrheit aller Bürger; diese kann sich irren, aber nicht gegen ihren eigenen Vorteil sein. Die der Aristokratie hingegen suchen den Reichtum und die Macht ausschließlich in den Händen der kleinen Zahl zusammenzufassen, weil die Aristokratie ihrem Wesen nach immer eine Minderheit darstellt.«[147]

Das Heraufziehen des demokratischen Zeitalters, das »Zeitalter der Gleichheit«,[148] in der nicht mehr nur dem einzelnen Menschen oder einer bestimmten Klasse Vernunft zugesprochen wird, begleitet der Aristokrat Tocqueville mit großen Hoffnungen, freilich auch, was die Stabilität der Neuen Welt angeht, mit Befürchtungen. Was ihn am meisten an der Demokratie beunruhigt, ist die Mehrheitsherrschaft. Nicht die Elite entscheidet, sondern die Mehrheit, »die Interessen der großen Zahl« gehen »der kleinen Zahl«[149] vor. Das Beunruhigende ist für Tocqueville die fehlende Eingebundenheit, die Macht der Mehrheit gilt unbedingt, steht sie einmal fest, so gibt es kein Halten mehr, »keine Hindernisse«.[150] Damit sei aber der Willkür Tür und Tor geöffnet.

Die »sittliche Herrschaft der Mehrheit«[151] kann in Tyrannei umschlagen. Tocqueville sieht darin ein immanentes Problem von Demokratien, die Mehrheit, ist sie erst einmal an der Macht, kann die Minderheit tyrannisieren, kann autoritär werden. Dass die Mehrheit herrscht, ist für Tocqueville keine Beruhigung, im Gegenteil, die »Allmacht der Mehrheit« beruht nicht auf »Einsicht und Weisheit«,[152] sondern einzig auf »Interessen der großen Zahl«,[153] sie kann »die Minderheiten zur Verzweiflung«[154] treiben und Gewalt provozieren, sie kann in Erstarrung enden oder in Despotismus. Die Demokratie sei alles andere als eine stabile Form der Herrschaft: sie »schafft kein starkes Band zwischen den Menschen, sie erleichtert aber ihren Umgang miteinander«.[155]

Im zweiten Teil, der fünf Jahre später, 1840, erscheint, verändert Tocqueville die Perspektive, er betrachtet die Demokratie nicht mehr nur als Regierungsform, sondern als Lebensform, die tief in die Gesellschaft eindringt und den Alltag und das Zusammenleben der Menschen verändert.[156] Indem die Menschen aufeinander wirken, wandeln sich Gefühle und Gedanken, das Herz weitet sich und der Geist wird frei. Die Demokratie, so Tocqueville, verhindert nicht, dass es Reiche und Arme, Herren und Diener gibt, sie macht nicht alles gleich, aber dadurch, dass die Menschen aufeinander einwirken, wandelt sich ihr Geist und verändern sich ihre Beziehungen.[157] Demokratie heißt für ihn, dass sich das Miteinander ändert, dass die Menschen Verantwortung übernehmen und zu sozialen Wesen werden. Dies kann aber, so Tocqueville, nur in einer Gesellschaft gelingen, die – und das sieht er in Amerika erfüllt – das »materielle Wohlergehen«[158] zum obersten Prinzip und zur Verpflichtung erhebt. Ist nämlich das Wohlergehen gesichert, kann sich die Seele auf etwas anderes, auf etwas Größeres richten, »das sie anspornt und mitreißt«.[159]

Im demokratischen Zeitalter werden die Menschen in besonderer Weise von materiellen Genüssen angezogen, es gäbe einen »Trieb zum Wohlstand«,[160] der jedem Amerikaner eingepflanzt sei. Daraus würde sich auch die »Rastlosigkeit« und »Unruhe«[161] der Amerikaner erklären, die »unaufhörlich ihren Standort wechseln«[162] würden. »Es gibt vielleicht auf Erden kein Land, in dem man so wenig Müßige antrifft wie in Amerika und wo alle Arbeitenden so glühend nach Wohlstand trachten.«[163] Andererseits gibt Tocqueville zu bedenken: »In den demokratischen Zeiten sind die Genüsse heftiger als in den aristokratischen Zeitaltern, und vor allem ist die Zahl der Genießenden unermeßlich größer.«[164]

Tocqueville dachte groß von der Demokratie, doch er konnte natürlich ein Thema nicht umgehen. »Mein Gegenstand hat mich in diesem Werke öfters dazu geführt, von den Indianern und den Negern zu sprechen, aber ich hatte nie Zeit, zu verweilen, um die Stellung dieser beiden Rassen inmitten des demokratischen Volkes, das ich schilderte, darzustellen.«[165] Mit einem Trick versucht sich Tocqueville aus der Affäre zu ziehen. Die Sklaverei, der Rassismus und die Vernichtung der Indianer gehören eigentlich nicht zu seinem Projekt, denn hier handele es sich um Dinge, die »amerikanisch, jedoch nicht demokratisch«[166] seien. Seine Absicht sei es gewesen, ein »Bildnis der Demokratie« zu entwerfen. Die Schwarzen und die Indianer seien ein amerikanisches Problem. Er hätte darum diese Geschichte zuerst ausgeschaltet und komme nun darauf zurück. Es sollte das längste Kapitel im ganzen Werk werden. Tocqueville erzählt von den Indianern, die sich nicht zurückgezogen haben, sondern ausgerottet und vernichtet worden sind, von den Schwarzen, die alles verloren haben, ihre Heimat, ihre Sprache, ihren Glauben, er erzählt von der »dunklen Seite der Demokratie« (Michael Mann), von dem, was er zuvor als »Tyrannei der Mehrheit«[167] bezeichnet hat. Diese »dunkle Seite«, die Tocqueville anspricht, wurde im 20. Jahrhundert, im Zeitalter der Ideologien, unter zum Teil positiven Vorzeichen gesehen. Was als Volksherrschaft und Diktatur des Proletariats propagiert wurde, war eine Form des Despotismus. Dass Demokratien in Gefahr stehen, in Gewaltherrschaft umzuschlagen, ist ein Phänomen, das Tocqueville in den Blick genommen hat und das neuerdings wieder verstärkt zu Bewusstsein kommt. Zur Demokratie, so schreibt Michael Mann, gehöre »stets auch die Möglichkeit, dass die Mehrheit die Minderheit tyrannisiert, und diese Möglichkeit schließt in bestimmten multiethnisch geprägten Lebenszusammenhängen unheilvolle Konsequenzen mit ein«.[168] Das war in Amerika der Fall, die Indianer und die schwarzen Sklaven waren Minderheiten, die von der weißen Mehrheit tyrannisiert wurden. Diese Realität stand außerhalb der Demokratie. Hannah Arendt hat in ihrer Studie »Über die Revolution« von der Mitleidlosigkeit der amerikanischen Gesellschaft gesprochen: »der schwarze Sklave war schlechterdings ›unsichtbar‹, wurde immer von allen übersehen. [...] Sie [die Weißen] sahen das Elend der Schwarzen nicht.«[169] Sie wussten aber, »daß Sklaverei und Freiheit in dem gleichen Lande nicht miteinander zu vereinen waren, daß die Knechtschaft der Neger die Freiheit der Weißen dauernd bedrohte, nicht aber, weil sie Mitleid hatten oder sich als Menschen mit den Unterdrückten solidarisierten«.[170]

In diesem Sinn hat Tocqueville bei der Schilderung des amerikanischen Vorgehens eine amerikanisierte Wahrnehmung angenommen. Er macht den Amerikanern keine Vorhaltungen, sondern beschreibt ihr Verhalten als Akt des zivilisatorischen Fortschritts. Während die Spanier mit »beispiellosen Greueltaten«[171] gegen die Indianer vorgegangen wären, hätten die Amerikaner ihr Handeln »mit wunderbarer Leichtigkeit zustande gebracht«, alles sei »gesetzlich« verlaufen, ohne »einen einzigen der großen sittlichen Grundsätze zu verletzen«, sogar »ohne Blutvergießen«.[172] »Man wundert sich über diese Behauptung, die, wie Henning Ritter schreibt, »in krassem Gegensatz zu seiner eigenen Schilderung und Beurteilung des Verhaltens der Amerikaner steht«.[173] In der Tat, diese Stelle fällt deutlich aus dem Kontext der übrigen Überlegungen Tocquevilles zur Indianerfrage heraus. Ritter vermutet, dass es Tocqueville, um das Wort »gesetzlich« gegangen sei. Die Amerikaner hätten »sich der Legalität als Mittel der Eroberung«[174] bedient. Für Tocqueville war dieses Vorgehen mit dem demokratischen Projekt vereinbar. Der Genozid an den Indianern musste die Form von Gesetzen annehmen, dann war er zu rechtfertigen. Verträge, Absprachen, Gesetze, das waren für die Amerikaner Mittel, um sich der Legalität zu versichern – einer, wie man damals und heute weiß, scheinbaren Legalität. Denn wie sah die Legalität aus? Genau ein Jahr bevor Tocqueville seinen Fuß auf den amerikanischen Boden setzte, wurde der »Indian Removal Act«, das Indianerumsiedlungsgesetz, erlassen. Es war ein Gesetz zur ethnischen Säuberung, die den Indianern (als nichtchristliches Volk) das Recht absprach, überhaupt Land besitzen zu dürfen. Dieses Recht hatten die Europäer für ihre Kolonien erfunden, es waren haltlose Konstrukte. Der damalige Präsident Andrew Jackson hat sich das Recht genommen und die Armee angewiesen, die Indianer über den Mississippi zu vertreiben oder gleich zu massakrieren. Auf gesetzlicher Grundlage war die ethnische Säuberung gar nicht möglich, denn die Indianer unterstanden nicht den Gesetzen der Vereinigten Staaten.

Der Ausrottungskrieg gegen die Indianer, für den man sich ›Gesetze‹ konstruierte, war nicht weniger barbarisch als die Gräueltaten der Spanier in Südamerika. Erinnert sei an die markigen Worte von Thomas Jefferson aus dem Jahre 1802: »Wenn wir jemals gezwungen werden, das Kriegsbeil gegen irgendeinen Stamm zu erheben, werden wir es erst niederlegen, wenn dieser Stamm ausgelöscht ist. [...] Im Krieg werden sie einige von uns töten. Wir werden sie alle vernichten.«[175] Dass man eine ganze Ethnie vernichten kann, daran glaubte Tocqueville nicht. Die Spanier seien erbarmungslos gegen die Indianer vorgegangen: »aber alles kann man nicht zerstören, das Wüten nimmt ein Ende: der Rest der Indianervölker, die den Metzeleien entrinnen, vermischt sich schließlich mit den Siegern und nimmt ihren Glauben und ihre Sitten an.«[176] Folgt man Tocqueville, haben es die Amerikaner mit ihrem Vorgehen fertiggebracht, Vernichtung und »Ehrfurcht vor den Gesetzen«[177] in Einklang zu bringen, so konnte der Weg nach Westen zivilisatorisch gerechtfertigt werden.

Das Schicksal der Indianer sei, so Tocqueville, entschieden, sie sind weitgehend ausgerottet. Gefährlicher für die Zukunft der Vereinigten Staaten ist die »Anwesenheit der Schwarzen«.[178] Tocqueville rechnet nicht damit, dass sich Weiße und Schwarze annähern können. Auch wenn die Sklaverei aufgehoben wird, die Vorurteile würden weiter bestehen, ja, er glaubt, dass der Rassismus nach der Abschaffung der Sklaverei noch zunehmen wird. Es gibt für ihn nur zwei Möglichkeiten, die radikale Abgrenzung oder die Vermischung. »Mittelwege, scheint mir, enden in Bälde im schrecklichsten aller Bürgerkriege und vielleicht mit dem Untergang der einen der beiden Rassen.«[179] Das war nicht sein letztes Wort in der Sklavenfrage, in einer Reihe von Aufsätzen, die er 1843 schrieb, lobte er die von England ausgehenden Reformen zur

Abschaffung der Sklaverei. Es sei das aufklärerische Denken und der Druck der Europäer gewesen, der das Ende der Sklaverei eingeleitet hätte. Mit den Reformen ist für Tocqueville das demokratische Projekt gerettet.

Das Kapitel endet mit einer häufig zitierten Prophezeiung, die uns wieder zurückbringt in die Vierzigerjahre. Tocquevilles Prognose ist, dass Russen und Amerikaner die beiden Völker sind, die die Zukunft der Welt bestimmen werden. »Der Amerikaner kämpft gegen die Hindernisse, die ihm die Natur entgegenstellt; der Russe ringt mit den Menschen [...] und stützt sich auf das ›Schwert des Soldaten‹. Der eine bekämpft die Wildnis und die Barbarei, der andere die mit all ihren Waffen gerüstete Zivilisation.« Der Amerikaner stützt sich »auf den persönlichen Vorteil und läßt die Kraft und die Vernunft der einzelnen Menschen handeln, ohne sie zu lenken«. Der Russe »faßt gewissermaßen in einem Manne die ganze Macht der Gesellschaft zusammen«.[180]

Amerikanisierung

Von Amerika lernen

Im Februar 1945, als das Ende des Krieges absehbar war, trafen sich die »Großen Drei« auf Einladung des sowjetischen Staatschefs Josef Stalin im Seebad Jalta auf der Krim – die »Großen Drei«, das waren neben Stalin der britische Premierminister Winston Churchill und der amerikanische Präsident Franklin D. Roosevelt. Grundsätzlich einigte man sich darauf, Deutschland in vier Besatzungszonen aufzuteilen, die von jeweils einer Siegermacht (Frankreich wurde gegen den Widerstand Stalins hinzuassoziiert) verwaltet wurde. Ein alliierter Kontrollrat sollte die Regierungsgewalt ausüben. Was die Gebietsansprüche anging, so gelang es Stalin, die sowjetische Interessensphäre im östlichen und südöstlichen Raum weitgehend durchzusetzen, dazu gehörte auch die Einverleibung der polnischen Ostgebiete und eine, zunächst offen gelassene, Festsetzung der polnischen Westgrenze (Oder-Neiße-Grenze). Einig war man sich auch darin, den Krieg so schnell wie möglich zu beenden und Deutschland zu entmilitarisieren und zu entnazifizieren – die Westalliierten setzten sich außerdem für eine Rückführung Deutschlands zur Demokratie ein. Von einer zunächst erwogenen Bestrafung nahm man Abstand, man setzte auf Reeducation, auf eine Um- bzw. Zurück-Erziehung zu einer demokratischen Grundeinstellung. Mit Filmen, Literatur und Bildungsarbeit wollte man über die Naziherrschaft aufklären und ein demokratisches Bewusstsein schaffen. Die hehren Ansprüche des Reeducation-Programms mussten jedoch schon nach wenigen Jahren zurückgenommen werden. Die Deutschen waren keineswegs bereit, sich so ohne weiteres zu Demokraten erziehen zu lassen. Die Psychoanalytiker Alexander und Margarete Mitscherlich haben das in den Sechzigerjahren damit zu erklären versucht, dass die Deutschen den »Verlust des Führers« nur schwer verkraften konnten. Seine Person verkörperte das eigene Ich-Ideal. Mit dem Zusammenbruch der Ordnung, verloren sie allen Rückhalt. Besonders schwerwiegend sei es gewesen, dass der Führer von den Siegern als Verbrecher entlarvt wurde. Im plötzlichen Umschlag des Normen- und Wertegefüges hätte sich das Ich entwertet und verarmt gefühlt. Nicht zur Trauerarbeit sei es in dieser Situation gekommen, sondern zur Verdrängung des Geschehenen, so die Erklärung der Psychoanalytiker.[181]

Nach 1945 etablierten sich die Amerikaner als Führungsmacht der westlichen Welt – und bestimmten, besonders was den westlichen Teil Deutschlands anging, die politische Richtung. 1945 war auch, so Axel Schildt, »die entscheidende Zäsur für die Geschichte der Amerikanisierung«.[182] Die Amerikaner konnten nach dem Krieg als administrative Ordnungsmacht ihre Produktionssysteme und Methoden einführen, die auf Massenproduktion und Massenkonsum abgestellt waren, sie machten dadurch das Wirtschaftswunder möglich. Amerikanisierung war in der Nachkriegszeit, als die Wirtschaft darniederlag, ein Prozess der technischen und gesellschaftlichen Modernisierung. Deutschland wurde zum Anwendungsfall für die amerikanischen Methoden.

Im Grunde hatte sich diese Entwicklung schon in den Zwanzigerjahren vorbereitet. Nicht von ungefähr erlebte der Begriff ›Amerikanisierung‹ in der Weimarer Republik eine Hochkonjunktur. Einerseits bezog sich der Begriff auf die aus Amerika kommenden neuen Organisationformen im Produktionsbereich: Taylorismus und Fordismus; andererseits auf den kulturellen Import: die Hollywoodfilme, das Revuetheater, der Jazz usw. Gegen den kulturellen Transfer bauten sich in Europa Widerstände auf. In Amerika sah man eine zweckrationale Erwerbsgesellschaft, die auf Technik und instrumentelle Vernunft ausgerichtet war, die aber mit ihren kulturellen Leitbildern die Werte der abendländischen Welt, insbesondere die deutsche Kultur bedrohte. Thomas Mann hat in der Rede zur Eröffnung der »Münchener Gesellschaft 1926« davon gesprochen, »daß Deutschlands Großmachtstellung heute vor allem im Geistigen und auf dem Geistigen ruht, daß alle seine Hoffnungen für die Zukunft sich auf seine geistige Ehre und Leistung stützen.«[183] Deutschland aber drohe diesen Anspruch zu verlieren. Die schon zuvor beklagte »Amerikanisierung des deutschen Lebensstils«[184] schreite voran, »wir leben in einer Zeit von wahrem Jazz-Band-Charakter, deren Helden der Preisboxer und der Kinostar sind, und in der Verrohung und Verflachung ungeahnte Orgien feiern«.[185] Thomas Mann spielte auf Berlin an, die »preußisch-amerikanische Weltstadt«,[186] wie er sie titulierte, eine Stadt, die sich zunehmend von der deutschen Kultur entfremdet und amerikanisiert hätte.

Thomas Mann stand mit seiner Position nicht allein, die Mehrzahl der Intellektuellen in der Zwischenkriegszeit erwartete von einer Amerikanisierung nichts Gutes, der Transfer von Kultur wurde als Bedrohung der eigenen Identität aufgefasst. Vor allem der amerikanische Materialismus zog Ressentiments auf sich. Aus europäischer Sicht erschien Amerika als eine Gesellschaft, in der nur der Profit zählt und in der der Typus des Geldmenschen, der *businessman*, regiert.

Ganz anders sah die Situation in Wirtschaft und Gesellschaft aus: Hier galt Amerika, im Sinne Tocquevilles, als Land der Zukunft. Mit den Konzepten von Taylorismus und Fordismus konnten die Amerikaner eine Massenproduktion aufbauen, hinter der die Europäer weit zurücklagen. »Der Lebensstandard der Arbeiterklasse in den USA war hoch und lag – gemessen an Nahrung, Wohnung und Verfügung über neue Konsumgüter der Massenproduktion wie Nähmaschinen, Fahrrad, Automobil – deutlich über dem europäischen Niveau.«[187] Vor allem Henry Ford machte in den Zwanzigerjahren mit seinen neuen Methoden und Konzepten von sich reden. 1922 erschien seine zum Besteller avancierte Autobiografie »Mein Leben und Werk«, in der er sich zum »Führer der Weltwirtschaft« stilisierte. Der »Fordismus« wurde in dieser Zeit zum Schlagwort für eine neue Organisation der Arbeit. Ford machte das Automobil zu einem Massenprodukt, das für weite Teile der Bevölkerung erschwinglich war. Durch Standardisierung, Zerlegung des Arbeitsprozesses, die sich an Taylor orientierte, und der Einführung von Fließbandarbeit senkte Ford die Herstellungskosten. Um den Konsum zu fördern, zahlte er hohe Löhne und führte 1926 die fünftägige 40-Stunden-Arbeitswoche ein. Mit diesem Konzept erregte Ford weltweit Aufmerksamkeit. Insbesondere auch in Deutschland. Man wollte von Amerika lernen und man war in der Weimarer Republik, aufgrund der durch den Versailler Vertrag aufgebürdeten Schulden, auch gezwungen, von Amerika zu lernen. Rationalisierung wurde in den Zwanzigerjahren zum »Schlüsselbegriff eines modernen Gesellschaftsverständnisses«.[188] Und was wollte man nicht alles rationalisieren: die Wirtschaft, die gesellschaftlichen Strukturen, den Alltag und sogar den persönlichen Lebensbereich; in der Kunst waren die Neue Sachlichkeit und das Bauhaus angesagt.

Während es im Kaiserreich noch beträchtliche Widerstände gegen die amerikanischen Systeme und Methoden der Rationalisierung gab, herrschte nach dem Ersten Weltkrieg eine andere Stimmung. Deutschland zeigte sich in der Weimarer Republik offen für Taylorismus und Fordismus. Typisierung und Normung waren alles andere als verpönt. Von Seiten der Gewerkschaft forderte man die Standardisierung von Konsumgütern, um die Arbeitszeit zu senken, und beklagte die zögerliche Einführung amerikanischer Methoden.[189] Das Konzept der Wirtschaftsdemokratie wollte man mit dem Taylorismus zusammenführen. Taylor selbst hatte dazu vor dem Ersten Weltkrieg Ideen entwickelt, ihm ging es darum, die Klassenkonflikte zu entschärfen, er setzte dabei auf die Ingenieure, die als Repräsentanten des technischen Fortschritts und Experten der Rationalisierung und Optimierung für einen Ausgleich der Interessen sorgen sollten.

Die Amerikaner stießen nach dem Zweiten Weltkrieg bei der Einführung des Taylorismus und Fordismus auf keinen großen Widerstand. Während andere Länder, wie Großbritannien und Frankreich, sich gegen die amerikanischen Methoden wehrten, war in Deutschland der Durchsetzungsgrad besonders hoch. Eine Kritik an der Fließbandarbeit und an der Zerlegung von Arbeitsprozessen setzte hier im relevanten Umfang erst in den Sechzigerjahren ein.

Die Amerikaner machten den Deutschen nach dem Krieg aber nicht nur Taylor und Ford schmackhaft, sie standen für einen anderen Lebensstil, für Lässigkeit und Coolness, das kam insbesondere bei jungen Leuten gut an. Eigene Erfahrungen mit dem amerikanischen Lebensstil hatten nur ganz wenige. Das änderte sich mit den einrückenden US-Truppen 1945.

Hans Magnus Enzensberger erinnert sich 1985 an seinen ersten Kontakt mit amerikanischen Soldaten in seiner bayerischen Heimatstadt – da war er sechzehn Jahre alt:

»Eine dröhnende Kavalkade von Panzern, Lkw, Jeeps und Bulldozern erschien auf dem grünen Hügel hinter der Mauer. Es war ein schöner Apriltag. […] Am frühen Abend hatten sich die Marsianer eingerichtet. Sie saßen am Brunnen, hockten vor dem Pfarrhaus und hielten ein Nickerchen in einem grünen Zelt, das sie im Vorhof des Schlosses aufgebaut hatten. Es waren Riesen – muskulös, gut genährt und scheinbar wenig beeindruckt vom Krieg. Unglaublich Soldaten zu sehen, die sich so zwanglos und gelassen gaben, als ob Drill und Disziplin weder ihnen noch ihren Offizieren je in den Sinn kamen. Viele von ihnen waren schwarz – schwärzer als alle, die ich je gesehen hatte. Bei Einbruch der Dämmerung zündeten sie Feuer an. Dann passierte das Unglaubliche. Die außerirdischen Riesen legten sich hin, kauten irgendetwas und lasen Kinderbücher. Ich wusste, das konnten nur Kinderbücher sein […], sie waren knallbunt, hatten wenig Text und viele Bilder. Ich hatte noch nie einen Comic gesehen, ich war neugierig, sie lachten und warfen mir ein Heft der ›Katzenjammer Kids‹ zu. Das war meine Einführung in die amerikanische Kultur.«[190]

Auch Karl Heinz Bohrer erinnert sich, im Tenor ganz ähnlich, an seine erste Begegnung mit amerikanischen Soldaten und erzählt die Geschichte, dass er von einem Kollegen gefragt wurde, wie es sich denn ohne eine letzte Idee leben würde, darauf hätte er geantwortet:

»Ach wissen Sie, das weiß ich so auch nicht. Aber ich glaube, als wir Jungens damals nach 45 die amerikanischen Götter aus dem Meer haben steigen sehen, die Kaugummi lutschten und freundlich waren und diese wunderbare neue Musik spielten, die von den Nazis in der stupidesten Satire verblödelt worden war – […], da haben wir zum ersten Mal einen Schritt in die Säkularisation getan.«[191]

Fasziniert und staunend betrachteten die jungen Leute die amerikanischen Soldaten, die den Eindruck machten, als kämen sie aus einer anderen Welt, einer Welt, in der man nicht immer angestrengt und ernst sein musste, in der es eine Lebendigkeit gab, von der man bisher nur träumen konnte. Die jugendlichen Sehnsüchte nach Freiheit und Liberalität artikulierten sich gleich nach dem Krieg und sie richteten sich – selbstverständlich, möchte man sagen – auf Amerika.

Dabei spielte nicht nur der Jazz eine Rolle als kultureller Mittler. In den Fünfzigerjahren wurde der Rock'n'Roll entdeckt, Stars wie Bill Haley, Elvis Presley, Chuck Berry, Little Richard und Jerry Lee Lewis zelebrierten eine Musik, die viel mit Körperlichkeit, Energie, Rebellion und Sexualität zu tun hatte, eine Musik, die ein Akt der Befreiung war. Eine ›verlorene Generation‹ suchte nach einem Ventil für die lange aufgestaute Sehnsucht nach Freiheit – und tanzte sich mit dieser Musik die seelischen Verletzungen aus dem Leib. Unmittelbar politisch war das nicht, aber man öffnete sich neuen Erfahrungen, die jenseits der Konventionen lagen – auch dafür stand Amerika. Erst in den Sechzigerjahren sollte sich die Amerika-Begeisterung legen und in einen Antiamerikanismus umschlagen.

Ein Gefühl völliger Fremdheit

Tzvetan Todorov hat die Entdeckung Amerikas als »Entdeckung des anderen«[192] beschrieben. Die Entdeckung Amerikas sei »die bei weitem erstaunlichste Begegnung unserer Geschichte. Bei der ›Entdeckung‹ der anderen Kontinente und der anderen Menschen gibt es nicht dieses Gefühl völliger Fremdheit: Den Europäern war die Existenz Afrikas oder Indiens oder Chinas nie gänzlich unbekannt; die Erinnerung an sie war seit den Ursprüngen beständig gegenwärtig.«[193] Mit Amerika war es anders, es war, so Todorov, eine Begegnung, die »unsere gegenwärtige Identität vorgezeichnet und begründet« hat.[194]

Diese Fremdheit begegnet uns auch in dem berühmten Gründungmythos. Der Erzählung nach kamen die ersten puritanischen Siedler im September 1620 aus England übers Meer. Es sollen 102 Passagiere auf der legendären Mayflower gewesen sein, nicht nur Pilger, sondern auch Diener und Hilfskräfte. Der Überlieferung zufolge haben 41 Pilger ein Gelöbnis verfasst, eine Art Gesellschaftsvertrag, in dem sie Gleichheit, Brüderlichkeit und Gotteswort als Richtschnur der Gemeinschaft proklamierten. Unter dieser Maxime wollten sie die Neue Welt errichten, frei von staatlicher Gewalt und Obrigkeit, frei von der Staatskirche. Ein einzigartiges Land sollte entstehen: »nicht, Land unter Ländern, sondern Land schlechthin zu sein«,[195] das war der Anspruch, die Idee Amerikas. Das Anderssein, die Fremdheit, wurde zum Programm, man wollte sich nicht gemein machen und hielt Distanz zur übrigen Welt – das hieß dann später Isolationismus. Andererseits gab es von Anfang an einen missionarischen Gedanken, ein Sendungsbewusstsein, man fühlte sich als etwas Besonderes: *God's own country*, ein ausgewähltes Volk. Der berühmte amerikanische Exzeptionalismus, der in der tiefsitzenden Überzeugung zum Ausdruck kam, eine Über-Nation zu sein, die legitimiert ist, in das Weltgeschehen einzugreifen und den anderen Nationen sagen zu können, wo es langgeht.

1945, als die US-Truppen in Deutschland als Besatzungsmacht einrückten, kam all dies zum Tragen. In Wolfgang Koeppens Roman »Tauben im Gras« (1951) wird die Fremdheit – die durchaus gegenseitig war – zum Thema. Die Deutschen, die ihre Welt verloren hatten und aus ihrer Existenz geworfen waren, entdeckten die Amerikaner, die als Besatzer, Touristen, Lehrerinnen und Schriftsteller gekommen waren und die von den Deutschen, wie Wesen aus einer anderen Welt, neidvoll und misstrauisch beäugt wurden. »In der Villa der Lebensmittelhändlerin wohnten die Amis. Sie wohnten seit vier Jahren in dem beschlagnahmten Haus. Sie gaben die Wohnung aneinander weiter. Sie schliefen in dem Doppelbett aus geflammter Birke, dem Schlafzimmer der Aussteuer. Sie saßen im Altdeutschen Zimmer in den Ritterstühlen, inmitten der Pracht der achtziger Jahre, die Beine auf dem Tisch, und leerten ihre Konservenbüchsen, die Fließbandnahrung *Chicago packt tausend Ochsen pro Minute*, ein Jubel in ihrer Presse.«[196] In den Augen der Lebensmittelhändlerin sind die Amerikaner Eindringlinge, Eroberer, die die Deutschen nicht befreit, sondern unterworfen haben: »›Sie lassen uns nichts‹, sagte die Lebensmittelhändlerin, ›nichts, sie wollen uns zugrunde richten.‹«[197] Die Amerikaner sind im Roman jung, sportlich und gesund, haben »kräftige strahlende Zähne«,[198] einige sind dunkelhäutig, heißen Washington Price, Soldat und Baseballspieler, oder Odysseus Cotton und wirken auf die einheimische Bevölkerung, riesenhaft wie »King Kong«.[199] Gehört hatten sie alle von den Amerikanern, aber die reale Präsenz änderte das Bild. Man sah den Amerikanern die Überlegenheit an. Sie waren nicht nur wohlgenährt, sie waren vor allem auch technikaffin und hatten Geld: »Die Amis waren reich. Ihre Automobile glichen Schiffen, heimgekehrten Karavellen des Kolumbus.«[200] Das Problem: sie waren fremd – und diese Fremdheit war auch an ihrer Hautfarbe kenntlich: »kann man einen Neger heiraten?«[201] Nicht nur die Amerikaner, auch die Amerikanerinnen wurden unter dem Signum der Überlegenheit und Andersheit wahrgenommen: Kay, die Lehrerin aus Massachusetts, wirkte »frisch«, sie war »von einer Jugend, wie man sie hier kaum noch sieht«, sie kam »aus anderer Luft, aus herber und reiner Luft [...], aus einem anderen Land mit Weite«.[202]

Die Unterschiede waren eklatant, sogar die Fortbewegung der Soldaten war anders, sie marschierten nicht, wie der deutsche Soldat, sie fuhren mit dem Auto: »Es war eine Nation von Autofahrern.«[203] Und die Wagen standen überall herum: »blank und flink, eine stolze Automobilausstellung, ein Triumph des technischen Jahrhunderts, eine Saga von der Herrschaft des Menschen über die Kräfte der Natur«.[204] Aus der Perspektive der Besiegten wurden die Amerikaner als Exoten wahrgenommen. Und die Deutschen? Man wusste wenig voneinander. Als Odysseus Cotton vor dem Bahnhof in die Menge blickt, fragt er sich: »die Deutschen, wer waren sie? was dachten sie? wie träumten und liebten sie? Waren sie Freunde? Feinde?«[205]

Eine Karriere unter den Nazis

Im Juni 1946 erschien im besetzten Deutschland ein Buch, das auf den ersten Blick wie ein Werk aus der Ratgeberliteratur aufgemacht war und den seltsamen Titel trug: »Amerikafibel für erwachsene Deutsche. Ein Versuch, Unverstandenes zu erklären«. Über Amerika bzw. den Amerikaner sollte aufgeklärt werden – und das Bedürfnis nach Aufklärung war offenbar groß. Die erste Auflage von 10 000 Exemplaren war bereits im August verkauft – im März 1947 weitere 30 000 Exemplare.[206] Auch die Kritik bedachte die »Amerikafibel« mit Lob, das Buch, so der Tenor vieler Besprechungen, sei ein Beitrag zum gegenseitigen Verständnis.[207] Die Autorin hieß Margret Boveri, ein Name, der damals den wenigsten etwas gesagt haben dürfte. Heute ist Margret Boveri als bedeutende Publizistin der Nachkriegszeit bekannt, sie galt als »die große Dame des politischen Journalismus« (Karl Korn).

Die am 14. August 1900 in Würzburg geborene Margret Boveri entstammte einer wohlhabenden bürgerlichen Gelehrtenfamilie. Ihr Vater, Theodor Boveri, war der Direktor des Zoologischen Instituts an der Universität Würzburg. Ein intrinsischer Forscher, der sich auf Zellbiologie spezialisiert hatte, aber auch ein leidenschaftliches Interesse an Philosophie, Kunst und Musik hatte. Im fränkischen Bamberg, wo die Familie Grundbesitz und Häuser besaß, sogar ein Barockschlösschen gehörte dazu, zelebrierte er einen traditionsverhafteten bürgerlichen Lebensstil. Margret Boveris Mutter war die amerikanische Biologin Marcella Isabella O'Grady, sie gehörte zu den ersten Frauen, die in Amerika zum Studium zugelassen wurden. Bevor sie 1896 zu Forschungen an das Zoologische Institut nach Würzburg kam, arbeitete sie am Bryn Mawr College in Pennsylvania. Sie war ehrgeizig und selbstbewusst, glaubte an die Emanzipation der Frauen und war stolz auf das, was in Amerika in dieser Hinsicht erreicht worden war. Demgegenüber waren in Würzburg die Bedingungen geradezu vorsintflutlich. Nicht nur beruflich, auch in Lebensstil und Wertvorstellungen fühlte sie sich in der fränkischen Provinz fremd und wurde kritisch beäugt. Gleichwohl hielt sie offenbar an ihren amerikanischen Lebens- und Moralvorstellungen fest. Nun hätte man erwarten können, dass die Tochter mit einem gewissen Stolz auf die couragierte Mutter blickt, aber das Gegenteil war der Fall. Margret Boveri hatte sich ganz und gar dem Vater und seiner bürgerlichen Welt verschrieben, ihre Mutter lehnte sie ab, sie empfand sie als andersartig und brachte das schon früh mit dem ›Amerikanischen‹ in Verbindung – und das ›Amerikanische‹ war ihr suspekt. Sie erinnert sich später, wenn in ihrer Kindheit Freunde »ins Haus kamen und an meiner Mutter etwas Besonderes fanden, sagten sie: ›Das ist das Amerikanische.‹«[208] Zuerst mit zwei und dann mit neun Jahren war Margret Boveri in Amerika zu Besuch, und offenbar war sie von der Neuen Welt, die ihr die Mutter präsentierte, alles andere als begeistert. Folgt man Boveris Autobiografie, die Anfang der Siebzigerjahre in Zusammenarbeit mit Uwe Johnson entstand, dann fühlte sie sich schon früh von den liberalen Lebensvorstellungen der Amerikaner, vom materialistischen Denken und ihrem Glauben an Fortschritt und Technik abgestoßen. Doch so früh kann das nicht gewesen sein, denn Margret Boveri war eine Spätentwicklerin, als sie Volontärin im »Berliner Tageblatt« wurde, war sie vierunddreißig Jahre alt. Lange Zeit blieb sie der familiären Idylle verhaftet, ihr ganzes Leben sehnte sie sich in die fränkische Provinz zurück. Ihre antiamerikanischen Ressentiments waren eher gefühlsmäßig als politisch begründet – und das blieb auch in den Dreißiger- und Vierzigerjahren so. Den frühen Tod des Vaters im Oktober 1915 empfand sie, wie sie später schreibt, als »Amputation«.[209] Trotzdem gelang es ihr, die Schule zu Ende zu bringen und die Reifeprüfung zu bestehen. Danach aber war alles offen.

Zunächst wollte sie der Leidenschaft ihres Vaters folgend Musik studieren, sie besuchte das Staatskonservatorium in Würzburg. Mit eiserner Energie übte sie Klavier und Bratsche, spielte in der Meisterklasse des Komponisten Hermann Zilcher.[210] Neben ihrem Musikstudium schrieb sie sich im Herbst 1920 an der Würzburger Universität ein und belegte eine kaum überschaubare Anzahl von Fächern: Geschichte, Germanistik, Englisch, Italienisch, Zoologie.

Sie betrieb alle diese Studien mit großem Aufwand und bis zum Rand der Erschöpfung – zur Steigerung ihrer Leistung nahm sie Kola-Pastillen, es kam zu Zusammenbrüchen, zu Krankheiten.[211] Das würde so bleiben – und in gewisser Weise zu ihrem Markenzeichen werden, sie arbeitete immer an der Grenze ihrer Belastbarkeit. Das unbedingte Sich-beweisen-wollen gehörte zu ihrer Persönlichkeit. In den Zwanzigerjahren suchte sie noch nach dem geeigneten Terrain für ihre Verausgabung. Sie gab einige ihrer Studienfächer auf und legte 1924 ihr Staatsexamen in den Fächern Deutsch, Geschichte und Englisch ab. Doch schon als Referendarin war ihr klar, als Lehrerin wollte sie nicht arbeiten. Die Schule sei ein Zwangssystem, erzählte sie 1970 Uwe Johnson, geeignet »den Charakter«[212] zu verderben – da hätte sie nicht mitmachen wollen. Margret Boveri ertrug keine institutionellen Zwänge, sie wollte frei entscheiden und frei arbeiten und entschied sich für eine Promotion in Geschichte bei Hermann Oncken. Ihre Mutter erhielt um diese Zeit ein Angebot der Yale University in New Haven und kehrte im Herbst 1927 in die USA zurück. Boveri suchte in diesen Jahren weiter nach einer Aufgabe, in die sie alle ihre Energien investieren konnte. Oncken gab der Doktorandin im Herbst 1930 ein Thema zur englischen Außenpolitik: »Persönlichkeiten und Apparat der Außenpolitischen Geschäftsführung unter Sir Edward Grey«.[213] Damit hatte sie ihr Thema gefunden, das sie ein Leben lang begleiten würde: die Außenpolitik.

Ihre Dissertation schloss sie im Mai 1932 in Berlin ab. Sie fühlte sich jetzt als »Außenpolitikerin« wie sie Johnson erzählt, und in ihrem »außenpolitischen Dasein«,[214] habe sie keinen Blick für die Ereignisse gehabt, die sich Anfang der Dreißigerjahre in Deutschland abspielten. Die Machtübertragung an Hitler sei zwar ein »Schock« gewesen, der sie aus ihrem »außenpolitischen Dasein« riss, aber sie kehrte dann schnell wieder zurück. Bereits im März 1933 fuhr sie mit dem Auto nach Marokko, Algerien und Tunesien, um sich außenpolitisch weiterzubilden. Die Nazis standen für sie nicht im Fokus, sie wurde weder politisch noch persönlich bedrängt und insoweit verspürte sie keinen zwingenden Grund, Deutschland zu verlassen. Außerdem war sie überzeugt, dass die deutsche Kultur auch die Nazis überleben würde. Die Politik spielte sich für sie auf einer anderen Ebene ab – sie hielt sich selbst für unpolitisch. Dass man sie dann nach dem Krieg als politische Publizistin gesehen und gewürdigt hat, ist freilich bemerkenswert.

Ihr sehnlichster Wunsch war es, Auslandskorrespondentin zu werden, dazu fühlte sie sich berufen. Und sie ging die Sache mit System und Disziplin an. Um in der Recherche schneller und besser zu sein – schneller und besser als ihre Kolleginnen und vor allem auch als ihre Kollegen –, baute sie sich schon früh ein privates Archiv auf, das heißt, sie stellte jemand ein, eine gekündigte Bibliothekarin, die Sachregister und Karteien anlegte, später kam noch jemand hinzu, der die gewünschten Artikel in das Archiv einarbeitete. Sie konnte sich das leisten, denn sie verfügte über etwas Vermögen und wurde finanziell von ihrer Mutter unterstützt. Mit ihrem Privatarchiv war Boveri gut organisiert und über alle Themen der Außenpolitik immer auf dem neuesten Stand, dazu kam, dass sie flink schreiben konnte. Ihre große Stunde kam im Juni 1934. Da hörte sie von einem Mann namens Paul Scheffer, ein ehemaliger Korrespondent des »Berliner Tageblatts«, den die Nazis nun als Hauptschriftleiter des »Tageblatts« eingesetzt hatten und der ›junge Leute‹ suchte, um die Zeitung, die sich am Boden befand, neu aufzubauen. Das »Berliner Tageblatt« gehörte in den Zwanzigerjahren zu den auflagenstärksten Zeitungen – politisch linksliberal orientiert. Ein hoher Anteil der Mitarbeiter waren Juden, sie wurden teilweise schon im Herbst 1932 gekündigt, die letzten mussten im März 1933 das Haus verlassen. Die Zeitung wurde systematisch ›entjudet‹, wie man es damals nannte, und auf Linie gebracht. Scheffer selbst war jedoch alles andere als ein glühender Nazi-Anhänger, ihm lag das Überleben der Zeitung am Herzen und seine eigene Karriere. Der Journalist Paul Scheffer war nicht irgendwer, er war damals der Star unter den Auslandskorrespondenten, hoch gebildet, polyglott, ein Mann, der vielbeachtete Artikel und Bücher schrieb. Lange Jahre war er als deutscher Korrespondent in Moskau tätig, seine Empfänge zum Fünf-Uhr-Tee waren legendär. Und sogar Stalin empfing ihn zu einem Interview. Als er sich im April 1934 dem »Berliner Tageblatt« als Chefredakteur andiente, war Goebbels sofort einverstanden, ja begeistert, mit Scheffer an der Spitze konnte man ein Blatt aufbauen, das im

Sinne des Reichspropagandaministers auch international mithalten konnte. Scheffer sollte Deutschland schon 1936 verlassen und nicht mehr wiederkehren. Er wurde in Amerika heimisch.

Am liebsten wäre Margret Boveri bei der »Frankfurter Zeitung« als Korrespondentin eingestiegen, immer wieder bewarb sie sich, immer wieder schickte sie Artikel. Erst im Mai 1939 sollte sich dieser Wunsch erfüllen, da ging sie als Korrespondentin der »Frankfurter Zeitung« nach Stockholm.

Paul Scheffer stellte Boveri im August 1934 ein, er wurde ihr Mentor und ihr großes Vorbild. Sie ergriff die Chance, die sich damals bot und machte Karriere unter den Nazis. Bedenken kannte sie nicht, die kamen erst später. Boveri hat nach dem Zweiten Weltkrieg über das »Berliner Tageblatt« und die Redaktionsarbeit in den Dreißigerjahren ein umfangreiches Buch geschrieben, das nicht nur Scheffer, sondern auch sie selbst rechtfertigen sollte: »Wir lügen alle. Eine Hauptstadtzeitung unter Hitler. Texte und Dokumente zur Zeitgeschichte« (1965).

Mit dem Auto von Hollywood nach New York

Am 8. August 1940 war Margret Boveri zu ihrer Reise in die USA aufgebrochen. Die »Frankfurter Zeitung« hatte sie als Verstärkung für den langjährigen Korrespondenten in Washington, Rudolf Mattfeldt, nach Amerika beordert. Boveri sollte in einer Serie von Artikeln über die Situation in den Vereinigten Staaten berichten. Am 16. September kam sie nach langer Reise mit dem Schiff in San Francisco an. Paul Scheffer hatte ihr geraten, Amerika nicht auf direktem Wege anzusteuern; schließlich herrschte Krieg in Europa. Boveri flog von Berlin nach Moskau, von dort ging es mit der Transsibirischen Eisenbahn nach Wladiwostok und von dort weiter nach Tokio. In Yokohama bestieg sie dann ein Schiff nach San Francisco. Offenbar war sie von der Stadt begeistert,[215] sie besuchte die Weltausstellung, die »Golden Gate International Exposition«, und war fasziniert von den Vergnügungen, die auf dem Ausstellungsgelände geboten wurden, von den »Karussells raffiniertester Art« und den Restaurants, es sei, schreibt sie in ihrem Rundbrief, »wie bei uns auch, nur eben alles viel raffinierter, reicher ausgestattet und andererseits billiger«.[216]

Mit dem Flugzeug ging es anschließend nach Los Angeles, eine Woche besuchte sie ihre Verwandten in Hollywood. Dass Boveri nicht aus Deutschland emigrieren wollte, sondern gewillt war, nach ihrer Tätigkeit als Korrespondentin wieder in das Land der Nazis zurückzukehren, erregte Verwunderung und Unverständnis. Nicht nur bei ihren Verwandten – wo immer sie auch hinkam, nahm man ihr nicht ab, dass sie keine Sympathien für die Nazis hatte und nicht etwa doch in ihrem Auftrag in Amerika arbeitete. Boveri blieb bei ihrer Entscheidung und pochte bei allen Gelegenheiten darauf, eine freie Journalistin zu sein und im Übrigen loyal zu ihrem Land zu stehen. So als sei das, in dieser Situation, das Normalste auf der Welt. Hitlers Kriegsmaschinerie lief auf Hochtouren: Nach dem Überfall auf Polen hatten die deutschen Truppen im April 1940 Dänemark und Norwegen angegriffen, danach kam die Besetzung der Niederlande und Belgiens und am 14. Juni 1940 der Einmarsch in Paris. Und Margret Boveri wusste über all das bestens Bescheid. Sie las die Auslandspresse, die englischen, französischen, italienischen und skandinavischen Zeitungen, sie kannte die Berichte über Deutschland. Konnte man da noch loyal sein? Wo immer sie auch hinkam, erntete sie Unverständnis, äußerlich zeigte sie sich davon unbeeindruckt. Aber so ganz scheinen die Nachfragen nach ihren Motiven für die Rückkehr ins nationalsozialistische Deutschland nicht an ihr vorbeigegangen zu sein. Uwe Johnson schreibt in seinem Nachwort zu Boveris Autobiografie, dass New York ein »Albtraum«[217] für sie gewesen sei. Boveri hätte »die Umgebung als feindselig«[218] empfunden. Viele Freunde, darunter auch Paul Scheffer, gingen auf Distanz. Dass Boveri gewisse Sympathien für die Nazis hatte, lässt sich kaum bestreiten, aber diese Sympathien waren mit Sicherheit nicht das Motiv zurückzukehren, viel eher war es wohl Heimweh nach Deutschland, nach dem Frankenland und dem idyllischen Barockschlösschen in Höfen, das der Familie gehörte, eine bürgerlich-heimelige Umgebung, in der sie die glücklichsten Kindheitstage verbracht hatte. Das Deutschtum war für Boveri an einen konkreten Ort gebunden. Ein Satz wie ihn Thomas Mann im kalifornischen Exil aussprach, wäre für sie undenkbar gewesen: »Mein Deutschtum ist in dem kosmopolitischen Universum, das Amerika heißt, am richtigsten untergebracht.«[219]

Im Oktober 1940 konnte sie flüchten und sich allen Nachfragen für einige Zeit entziehen. Dazu war die geplante Reise eine willkommene Gelegenheit. Sie wollte allein mit dem Auto quer durch Amerika bis zur Ostküste fahren – es sollte durch das »echte«, »romantische« Amerika gehen, von dem sie in der Literatur einiges gelesen hatte. Boveri war, was solche Fahrten anging, geübt, sie hatte als Auslandskorrespondentin einige abenteuerliche Reisen mit dem Auto bravourös gemeistert; so 1938, als sie mit einer Freundin den Nahen Osten erkundete und im Auftrag der »Frankfurter Zeitung« die Türkei, Syrien, Irak und Iran bereiste. Ein gewisses Draufgängertum, eine Lust zur Abenteurerin war Boveri eigen, sie liebte Herausforderungen, lebte jedoch immer in der Sicherheit, sie auch bestehen zu können. Als sie von ihren amerikanischen Freunden vor Raubüberfällen gewarnt wurde, winkte Boveri mit ein paar witzelnden Bemerkungen ab. Sie kaufte sich in Hollywood einen schwarzen Zweisitzer Chevrolet.[220]

In ihrem Artikel »Amerika – Mythos und Wirklichkeit« berichtet sie eingangs vom Kauf des Chevrolets, denn sie wollte nicht irgendein Modell, sie wollte »ein Auto mit Klappdach« – und das, so Boveri, »gilt selbst im sonnigen Kalifornien als närrisch«.[221] Gleichwohl, sie bekam, was sie wollte, schließlich, so Boveri, ist das Angebot groß. Amerika war damals schon ein »Autoland«: »Jedes dritte Haus ist eine Tankstelle, Garage oder Autoverkaufsstelle.« Im Zweisitzer mit offenem Klappdach geht es dann los, »Orangen- und Zitronenfelder und dazwischen Wein«. Hinter San Bernardino fährt sie über Wüstenberge, vorbei an der ehemaligen Bergwerkstadt Calico, Richtung Death Valley – »so trocken, so wasserlos, daß sich kein Leben halten kann«. Reno lässt sie links liegen (»Spielhöllen und Scheidungen am laufenden Band«). Zu Las Vegas nur die Bemerkung: »Es liegt, weiß gekalkt und unschuldig, in der brennenden Mittagssonne.« Ihr Ziel ist der Lake Mead, ein 1936 fertiggestellter Stausee des Colorado River. »Ein großer, blitzblauer See mit felsigen Inseln liegt zwischen roten Bergen.« Es sieht aus, so Boveri, wie im »Oberengadin«. Wie die Amerikaner es hinbekommen haben, aus der Wüste eine solche Bilderbuchlandschaft hinzuzaubern, das nötigt ihr größten Respekt ab – ein Stausee, an dem sich die Badenden tummeln, der die Landwirtschaft mit Wasser versorgt und große Mengen Strom produziert. Hier gab es nichts zu kritisieren, da konnte sie nur über die amerikanische Ingenieurskunst staunen. Mit solchen Beschreibungen lag Boveri nicht auf der Linie, die Goebbels im Sommer 1940 ausgegeben hatte.[222] Die Korrespondenten waren angehalten, über die soziale Ungleichheit in Amerika zu berichten, über die Diskriminierung der Schwarzen und über die amerikanische Demokratie, die das Versprechen von Freiheit und Gleichheit nicht einlösen konnte. Es ging um Anspruch und Wirklichkeit, um eine Entzauberung Amerikas. Das war im Grunde auch Boveris Intention: Die Ideale von Freiheit und Gleichheit waren in ihren Augen ein Mythos, der mit der Realität nichts zu tun hatte. In diesem Sinn kritisierte sie in anderen politischen Artikeln, die sie zu dieser

Zeit schrieb, die Verhältnisse in Amerika, die Ungleichbehandlung in der Armee oder die Bevorzugung reicher und einflussreicher Familien.[223] Sie wollte das Gleichheits- und Freiheitsversprechen Amerikas als Fiktion entlarven. Fünf Jahre später, als sie die »Amerikafibel« schreibt, will sie nicht mehr nur entlarven, sondern die Bedeutung der Fiktionen für das amerikanische Selbstbewusstsein aufzeigen.

»Mythos und Wirklichkeit«, das ist 1940 der Ansatzpunkt ihrer Amerika-Kritik. In der Reisereportage hält sie sich jedoch mit Kritik an der amerikanischen Wirklichkeit zurück. Nicht die politische Journalistin schreibt hier, sondern die Reiseschriftstellerin, die, was die Schilderung von Landschaften angeht, durchaus einige Qualitäten besitzt. In den Rundbriefen merkt sie an, dass das »›echte Amerika‹«,[224] verglichen mit dem, was sie in der Literatur bei Thomas Wolfe und D. H. Lawrence gelesen hatte, doch nicht ganz mitkam, gleichwohl kann sie sich der Faszination nicht entziehen. In allen Einzelheiten beschreibt sie die Wüstenberge des *Painted Desert*, die »dunkelrote Landschaft aus wulstigen Felsen, kein Ort zweihundert Meilen weit«.[225] Dann geht es zum Grand Canyon: »Grüne, harte, gelbblühende Büsche sind auf dem gelbroten Sandboden verstreut, niedrige Kiefern, kleine wilde Astern am Wege. In der Ferne steht ein rotleuchtender Berg grünbewachsen, einsam und mächtig in der Hochebene. Er hat ein verwittertes Gesicht und heißt Navajosberg.«[226] Boveri faszinierten nicht nur die Landschaften, sondern auch die moderne Architektur in den Städten. Über Chicago schreibt sie: »Die Vorderseite ist eine hohe gutgegliederte Wolkenkratzerfront auf den Michigansee zu, davor liegen Parks, breite Autostraßen, Brücken, Überführungen und Häfen mit Luxusjachten. Diese Wolkenkratzerfassade ist zu allen Tageszeiten schön, am schönsten aber früh bei Sonnenaufgang, silbrig über herbstlichen Nebelschleiern, makellos in der Reinheit der Linien und Farben.«[227]

Während Boveri in den großen Städten ihre Schwierigkeiten hatte und im Umgang mit den Menschen oft nicht den richtigen Ton traf, sah sie auf dieser Reise die Landschaft mit wachen Augen. Was vielleicht auch an ihrem zweisitzigen Chevrolet lag. Jean Baudrillard hat die interessante These aufgestellt, dass die amerikanische Landschaft und das Auto auf wunderbare Weise zusammenpassen, ja, dass die amerikanische Gesellschaft »auf einer Anthropologie der Automobilgewohnheiten« beruht, dass man »fahren« muss, um dieses Land kennenzulernen. Baudrillard gibt die Empfehlung: »Legen Sie zehntausend Meilen quer durch Amerika zurück und Sie werden mehr über das Land wissen als alle soziologischen oder politikwissenschaftlichen Institute zusammen.«[228]

Boveri hatte während ihres ganzen Aufenthalts mit dem Eintritt Amerikas in den Krieg und der Internierung der feindlichen Ausländer gerechnet – sie war daher gut vorbereitet, als sie am 9. Dezember 1941, zwei Tage nach dem Angriff auf Pearl Harbor, verhaftet und, wie viele andere Enemy Aliens, in das Internierungslager nach Ellis Island gebracht wurde. Wie alle anderen wurde sie von Beamten des FBI verhört, die auch danach fragten, wie sie zu Deutschland stehe. Darauf, so Boveri, hätte sie geantwortet: »›I am a loyal German‹«.[229] Ende Dezember kam sie mit anderen deutschen und italienischen Diplomaten und Journalisten in das 4-Sterne-Hotel Greenbrier. Die Internierten mussten hier bis Mai 1942 auf ihre Ausreise nach Lissabon warten. Boveri entdeckte in dieser Zeit die Bücher von Ernst Jünger, sie las »Auf den Marmorklippen« und »Der Arbeiter«. Sie sah in Jünger einen Geistesverwandten, der ihre Abneigung gegen die Moderne und den Amerikanismus teilte. Nach dem Krieg setzte sie sich für Jüngers Bücher ein, aber die Sympathien blieben einseitig. Jünger schrieb ein paar lobende Zeilen zur »Amerikafibel« – es kam zu einem einzigen persönlichen Treffen, aber ein Kontakt kam für Jünger nicht infrage.

Boveri blieb zunächst in Lissabon und arbeitete bis zum Verbot der »Frankfurter Zeitung« am 31. August 1943 als Korrespondentin. Sie schrieb in dieser Zeit unter anderem für die Wochenzeitung »Das Reich«. Das Blatt war, im Unterschied zum »Völkischen Beobachter«, kein reines Parteiorgan, es durften auch Journalisten Artikel schreiben, die einen gewissen Abstand zur NSDAP hatten. Über ein kurzfristiges Engagement in Madrid, wo Boveri die deutsche Botschaft in Amerika-Fragen beraten sollte, kehrte sie 1944 nach Berlin zurück.

Die Andersartigen

Silvester 1945 schreibt Margret Boveri das Vorwort zur »Amerikafibel«. Gleich eingangs heißt es: Die Amerikaner sind nicht »dieselben Leute wie wir«, sie sind »ein neues Volk« und, da stockt die Autorin dann doch ein wenig, »eine neue Rasse«.[230] Die Amerikaner würden sich in allem von den Europäern unterscheiden, »ihr Geschichtsbild, ihr Geschmack, ihre Denkprozesse, ihre physischen Bedürfnisse«,[231] alles sei anders und mit dem Europäer nicht zu vergleichen. Das »Andersartige«[232] müsse in aller Radikalität erkannt werden, erst dann könne ein gegenseitiges Verständnis entstehen.

Boveri geht zurück zu den Wurzeln, zum Ursprungsmythos, den Pilgern auf der Mayflower. Seit dieser Zeit gehöre die Emigration »zu den höchsten Idealen«[233] der amerikanischen Geschichte, mit dem Emigrieren verbinden die Amerikaner »eine der moralischsten und tapfersten Taten«.[234] Als Puritaner mit aufrechter Gesinnung wurden die Pilger in England verfolgt, sie wanderten aus und errichteten in Amerika die Neue Welt. Aus dieser tiefsitzenden Hochachtung vor dem, der auswandert, der um der »Freiheitsliebe«[235] willen sein Land verlässt, erklärt sich für Boveri auch die hohe Meinung, die die Amerikaner in den Dreißigerjahren den europäischen Emigranten entgegenbrachten. Sie seien als Helden verehrt und mit offenen Armen empfangen worden. Für die Menschen aber, die ihrem Land »in bösen Zeiten«[236] die Treue hielten, hätten die Amerikaner nur Verachtung übrig. Das war natürlich ein Plädoyer in eigener Sache. Boveri wollte nicht zum Pilger werden, sondern »[b]leiben«. Für den Amerikaner, das wollte sie in ihrem Buch zeigen, war eine solche Entscheidung »unbegreiflich«.[237]

Diametral anders sei die Entwicklung von Amerika und Europa verlaufen. Anders als in Europa habe es in Amerika zunächst keinen Staat gegeben, er sei erst später »als notwendiges Übel«[238] dazugekommen. In Amerika gelte die Reihenfolge: »Individuum – Gesellschaft – Staat«.[239] Es seien, das will Boveri den deutschen Lesern deutlich machen, die Einzelnen, die zählen, die einzelnen Menschen, die einzelnen Gemeinden, der Staat sei sekundär, er entstünde nicht aus einem inneren Bedürfnis, sondern durch einen freiwilligen Vertrag. Es sei das Individuum, von dem aus Recht definiert würde, es seien »Rechte im Staat und an den Staat, die nicht vom Staat stammen«.[240] Damit kommt Boveri auf den Kernpunkt ihrer Argumentation, auf die in den »Bill of Rights« niedergelegten Rechten und Pflichten, die universale Gültigkeit beanspruchen, unantastbare Rechte des Individuums, die kein Staat verletzen darf. Diese Grundrechte, gültig »für alle Völker und für alle Zeiten«,[241] sind in Boveris Augen ein Übergriff, eine Überschreitung: »Amerika ist […] Heimat und Zentrale einer geistigen Weltmission.«[242] Und der Amerikaner könne sich überhaupt nicht vorstellen, dass es einen »Empfänger« gibt, der »diese geistige Exportware«[243] ablehnen könnte. Die universale Gültigkeit ihrer Menschenrechtsideen stehe für die Amerikaner außer Frage, »ob China, Indien oder Europa« – aus der amerikanischen Sicht gehören alle, die sich diesen Ideen verweigern, zu den »Zurückgebliebenen«.[244] Der missionarische Anspruch, die »Welt aufzuklären und zu erziehen«, ginge nicht von staatlichen Institutionen aus, er würde »unbewußt hinter der Haltung aller Amerikaner«[245] stehen.

Wir schreiben das Jahr 1946: Der Sieg über die nationalsozialistische Terrorherrschaft lag erst wenige Monate zurück. Das Reeducation-Programm der Alliierten war in Deutschland gerade angelaufen. Gleich 1945 begannen die Alliierten mit einer Art ›Schocktherapie‹. So mussten im April tausend Weimarer Bürger das zehn Kilometer vom Zentrum entfernte KZ Buchenwald besichtigen, sie wurden gezwungen alles anzusehen, die Toten, das Krematorium, die Gaskammern, die Baracken. Viele kamen traumatisiert zurück und konnten das Gesehene nicht vergessen. Die Strategie der Reeducation veränderte sich in den nächsten Monaten, im Vordergrund stand die Aufklärung über die Nazi-Verbrechen, dabei spielten die Medien (Zeitung, Rundfunk und Film) eine bedeutende Rolle. Boveri verlor darüber kein Wort, auch nicht über die Nürnberger Prozesse, die am 20. November 1945 begonnen hatten, also zu dem Zeitpunkt, als die Autorin ihr Buch über Amerika schrieb – kein Wort über die vierundzwanzig Hauptkriegsverbrecher, kein Wort auch über Robert Jackson, den Hauptanklagevertreter, der in seiner Rede zur Eröffnung des Prozesses sagte: Es gehe hier nicht um den amerikanischen Standpunkt: »Die wahre Klägerin in diesem Prozeß ist die Zivilisation«.[246] Und natürlich auch kein Wort über den Holocaust. Boveri drehte den Spieß um und klagte die Amerikaner an, es ginge ihnen darum, die Menschen umzuformen,[247] sie geistig und seelisch in Besitz nehmen zu wollen. Die Menschen werden zerlegt und »wie Teile einer Maschine zusammengefügt«.[248] Am Ende des Umformungsprozesses solle ein neuer Mensch entstehen. Damit die Umformung gelänge, müsste die Wirklichkeit zur Eindeutigkeit gebracht, es müssten »Tatbestände« erzeugt werden. Boveri verweist auf die Hollerithmaschine als Anfang einer bedrohlichen Entwicklung, mit der Lochkarte werde der ganze Mensch »eingeteilt und auf einfachste Nenner gebracht«.[249]

Die »Umformung der Menschen« hieß für Boveri Reduktion von Komplexität, hieß Normung, Konformismus, insbesondere aber »Standardisierung«, die nicht nur für die industrielle Fertigung und den Konsum Bedeutung hätte, sondern in Amerika »auf das ganze Leben«[250] angewandt würde. Durch »Simplifizierung der geistigen und seelischen Vorgänge«[251] würde ein Mensch von der Stange geschaffen, dem alle Eigenheiten, aller Individualismus, systematisch ausgetrieben würde. Anders als in Europa herrsche in Amerika die Ansicht vor, dass der Mensch »eine noch formbare Masse« sei, ein »Naturprodukt«, »aus dem man nach Belieben neue Kunstprodukte gewinnen kann«.[252] Die Umformung und »Umerziehung« sei »im eigenen Land [...] vollkommen gelungen«,[253] nun ginge es darum die anderen Länder und Kulturen zu amerikanisieren. So dachte offenbar in den Vierzigerjahren nicht nur Boveri. Erinnern wir uns an Sartre, der, es wurde oben zitiert, vom »Hang zum Erziehen« spricht, der zum »innersten Kern« der amerikanischen Gesellschaft gehören würde.[254] Anders als Sartre malt Boveri ein Bedrohungsszenario aus, die amerikanische Zivilisation und die Werte der europäischen Geisteskultur stünden sich konfrontativ gegenüber. Die Amerikaner, so Boveri polemisch, könnten sich gar nicht vorstellen, dass die Werte ihrer Demokratie von anderen infrage gestellt oder gar abgelehnt würden, sie halten ihre Auffassung von Freiheit und Gleichheit für die einzig richtige. Die Polemik gegen Amerika stand in der Tradition der konservativen Kulturkritik, die sich am Dualismus von Kultur und Zivilisation orientierte und voller Verachtung auf die USA sah: »Nichts ist schön, nichts ist historisch, nichts ist tief«,[255] so Ernst Jünger, die Gallionsfigur des Antiamerikanismus. Neu war die von Boveri beschriebene Bedrohungslage, waren doch »die Amerikaner zu uns gekommen, auf einen Dauer-Besuch«.[256] Die Deutschen waren mit dieser anderen Kultur, mit diesen andersartigen Menschen unmittelbar konfrontiert, noch dazu in einer unangenehmen Konstellation: Sieger und Besiegte standen sich gegenüber.

Die amerikanische Zivilisation wird von Boveri als fremder Eindringling geschildert, gegen den sich die deutsche Geisteskultur wappnen und wehren muss, wenn sie nicht untergehen will. Im zweiten Teil ihres Buches entfaltet Boveri eine Art »Gebrauchsanweisung« für den Umgang mit Amerikanern. Da werden die Klischees zitiert, die sich bis in unsere Gegenwart gehalten haben. Man lese nur Paul Watzlawicks »Gebrauchsanweisung für Amerika« – einer der Klassiker in diesem Metier, zuerst erschienen 1978. Auch Watzlawick geht von der Fremdheit der amerikanischen Lebenswelt aus, die er für den europäischen Amerikareisenden begreiflich machen will – er will sie begreiflich machen, damit sich Europäer und Amerikaner besser verstehen. Das war bei Boveri nicht der Fall, man müsse achtsam sein, den Amerikaner in seiner Eigenart verstehen, weil er uns »regieren und zu rechten Menschen«[257] machen wolle.

Amerika auf den zweiten Blick

Eine große grüne Frau im Morgenmantel

»Sieh mal, Schatz, du verpasst ja alles … Da ist die Freiheitsstatue.« Auf einer kleinen Insel steht mit erhobenem Arm eine große grüne Frau im Morgenmantel.

»Was hat sie da in der Hand?«

»Das ist eine Fackel, Schatz … Die Freiheit erleuchtet die Welt …«

John Dos Passos: »Manhattan Transfer« (1925)[258]

Wer mit dem Schiff in den Hafen von New York einläuft, wird sie nicht übersehen können: die Freiheitsstatue – 46 Meter ohne und 93 Meter mit Sockel. Ein Geschenk der Franzosen – ein Meisterwerk, bei dem der renommierte Ingenieur Gustave Eiffel mitgewirkt hat. Entworfen hat es der französische Bildhauer Frédéric-Auguste Bartholdi, der das Monument 1871 in New York den Amerikanern vorstellte und, geschäftstüchtig wie er war, eine Gesellschaft ins Leben rief, die für das Projekt Spenden sammeln sollte. Was sich als schwierig erwies, die Begeisterung war anfangs nicht besonders groß. Mehrfach mussten die Arbeiten wegen Geldmangels unterbrochen werden. Im Juni 1885 war es dann so weit, die in Frankreich gefertigten Einzelteile wurden in Kisten verpackt und per Schiff nach Amerika gebracht. Am 28. Oktober 1886 wurde die Statue durch Präsident Grover Cleveland feierlich eingeweiht. Zum Festzug kamen mehrere Hunderttausend Zuschauer. Jetzt, wo die Statue aufgebaut war, wirkte sie in ihrer Monumentalität auf die meisten Amerikaner überzeugend, ein sinnfälliges Symbol für die große Geschichte, den Gründermythos, demzufolge die Auswanderer um der Freiheit willen den gefahrvollen Weg übers Meer genommen hatten.

Margret Boveri schreibt in ihrer »Amerikafibel«, dass es nicht die Silhouette von Manhattan sei, die den Blick des Amerikaners bei der Einfahrt in den Hafen von New York in den Bann zöge, sondern die Freiheitsstatue: »die Amerikaner freuen sich wohl an ihrer berühmten ›skyline‹, aber ihre Herzen halten nach etwas anderem Ausschau. Ferngläser werden hervorgeholt, alle Augen suchen in bestimmter Richtung, endlich ruft einer: ›I see it‹; und nun werden die Kinder hochgehoben: Da, schau, das Grüne dort hinten links*, that's the Statue of Liberty* – die Freiheitsstatue.«[259]

Dass die »große grüne Bronzefigur auf dem hohen klassizistischen Sockel«[260] nicht schön sei, war die Meinung vieler Europäer, insbesondere aber der Deutschen, die rein ästhetisch mit der monumentalen Statue wenig anzufangen wussten und sich zuweilen eher despektierlich äußerten. 1912 veröffentlichte der Schriftsteller und Publizist Arthur Holitscher sein Buch »Amerika heute und morgen«. Ein Buch, das Tucholsky in den höchsten Tönen lobte: »Lest dies Buch: so sieht es drüben aus.«[261] Holitscher, so Tucholsky, würde »den Begriff ›Amerika‹« auflösen »in hundert kleine menschliche Einzelzüge«.[262] In der Tat, Holitscher schreibt kritisch reflektierend und ironisch über Amerika. Wer immer damals etwas über Land und Leute wissen wollte, der las dieses Buch. Franz Kafka, der bekanntlich nie in Amerika war und doch so viel von der Neuen Welt wusste, las zunächst die ab Herbst 1911 in der »Neuen Rundschau« abgedruckten Reportagen und kaufte sich auch die 1912 erschienene Buchausgabe. Holitscher war eine der inspirierenden Quellen für Kafkas Amerika-Roman »Der Verschollene«. Eine weitere Quelle waren wohl Lichtbildvorträge von František Soukup im Prager Repräsentationshaus über Amerika. Aus dem Tagebuch Kafkas wissen wir, dass er zumindest einen Vortrag besucht hat, am 1. Juni 1912. Möglicherweise kannte er auch Soukups Taschenbuch »Amerika. Eine Reihe von Bildern aus dem amerikanischen Leben«, aber sicher ist das nicht. Bleiben wir bei Holitscher, der beim Einlaufen in den Hafen von New York die Freiheitsstatue sieht und ironisch kommentiert: »Eine menschliche Gestalt von ungeheuren Proportionen, Sonne in den grünen Falten ihres Gewandes, hat Fuß gefaßt auf ihr – dies ist Liberty Island, die Statue der Freiheit, die an der Pforte der Neuen Welt liegt: Freiheit, von Herzen Hurra, Hail Columbia! Hurra!!«[263]

Im Mai 1934 fährt Thomas Mann das erste Mal per Schiff nach Amerika, auch er zeigt sich vom Anblick der Statue wenig begeistert. Am 29. Mai notiert er im Tagebuch: »Einfahrt. Die

Freiheitsstatue, nüchtern, und die Hochbauten als Silhouetten im Nebel.«[264] Wolfgang Koeppen, der vom 30. April bis zum 19. Juni 1958 durch Amerika reiste, fühlt sich beim Anblick der Freiheitsstatue an die Kolossalstatuen des Wilhelminismus erinnert: »Die Freiheitsstatue ragte in einem zerrissenen Nebelmantel aus dem Meer und war eine biedere Schwester der beliebten Riesinnen, Bavaria, Germania oder Berolina, denen man in den hohlen Kopf steigen kann, um aus ihren blinden Augen den nichtssagend erweiterten Horizont zu sehen, ein Mutterkomplex der Nation, eine Matrone, die mißmutig eine nasse Fackel hält, aber nichts erhellt.«[265] Koeppen dachte, wie auch der weitere Text deutlich macht, an den erwähnten Kafka-Roman »Der Verschollene«. Kafkas Protagonist Karl Roßmann sieht ein Schwert, wo eine Fackel zu sehen ist. Bei der Einfahrt in den Hafen von New York erblickt er »die schon längst beobachtete Statue der Freiheitsgöttin wie in einem plötzlich stärker gewordenen Sonnenlicht. Ihr Arm mit dem Schwert ragte wie neuerdings empor, und um ihre Gestalt wehten die freien Lüfte.«[266] Die »Freiheitsgöttin«, so könnte man sagen und so ist es auch in der Kafka-Forschung gesagt worden, als ambivalente Figur, in der Freiheit, aber auch Unfreiheit, Macht und Gewalt zum Ausdruck kommen. Hartmut Binder spricht sogar von einer »bewußte[n] Umdeutung« der Freiheitsstatue in eine »rächende Strafgöttin [...], die mit ihrem erhobenen Schwert Karl aus dem Paradies Amerika«[267] zu vertreiben droht. Kafka, so viel ist gewiss, bezieht sich auf eine Stelle aus Holitschers Amerika-Buch, in der die Symbolkraft der Fackel persifliert wird: »sieh, wie sie die Fackel über ihr besterntes Haupt hebt, diese Fackel, die den Völkern der Welt leuchten soll, wenn Nacht über das Meer hereingebrochen ist«.[268] Diese Persiflage steht als Tusch am Ende des Kapitels über Ellis Island, das der Autor bei der oben zitierten Einfahrt in den Hafen von New York bereits angekündigt hatte: »Gleich dahinter, allerdings, die breiten niederen roten Häuser, halb Lazarett, halb Gefängnis, mein Freund erklärte, das sei Ellis Island, die Einwanderer-Insel, die schreckliche.«[269]

Die dunkle Seite der Freiheit

Dass auf Ellis Island in unmittelbarer Nachbarschaft der Freiheitsstatue, Ende des 19. Jahrhunderts die Sammelstelle für Immigranten eingerichtet wurde, hat so manche Interpreten zu ironischen Kommentaren herausgefordert.[270] Gingen doch von beiden Inseln ganz unterschiedliche Botschaften aus, auf der einen Seite das universale Freiheitsversprechen; auf der anderen die Beschränkung und Zurückweisung, die Pervertierung der Freiheit.[271] Ellis Island war eine quasi exterritoriale Insel, auf der die Auswanderer, manchmal Tage, Wochen, Monate ausharren mussten, bis ihr Fall bearbeitet war. Entweder wurden die Auswanderer als Emigranten aufgenommen und anerkannt, dann durften sie durch die Tür mit der Aufschrift »Push to New York« gehen, oder sie wurden in das Land, aus dem sie kamen, zurückgeschickt. In der Zeit von 1892 bis 1954 durchliefen zwölf Millionen Einwanderer die Sammelstelle. Ein Heer von Inspektoren, Richtern und Ärzten war damit befasst, die Migranten zu untersuchen, zu prüfen und schließlich zu entscheiden, wer amerikanischen Boden betreten durfte und wer nicht. Geprüft wurden freilich nur die Passagiere aus dem Zwischendeck, der dritten Klasse, die aus der ersten und zweiten Klasse mussten nur eine kurze Visitation über sich ergehen lassen.

Die Sammelstelle auf Ellis Island war das Ergebnis einer veränderten Einwanderungspolitik. In der zweiten Hälfte des 19. Jahrhunderts kamen zunächst Migranten aus England, Irland, Deutschland, Skandinavien, die in Amerika mit offenen Armen empfangen wurden, sie waren gut qualifiziert und ließen sich relativ problemlos assimilieren. Die Situation änderte sich Ende des 19. Jahrhunderts: Die Einwanderzahlen stiegen drastisch an. Ein Großteil der Migranten kam jetzt aus Süd- und Osteuropa, aus einem anderen kulturellen Umfeld, viele davon waren schlecht oder gar nicht zur Arbeit qualifiziert. Gleichwohl, sie hatten alle den Traum, aus der Misere, die in ihren Ländern herrschte, herauszukommen und in Amerika ein besseres Leben zu finden. Über die Aufnahme von Einwanderern hatten anfangs allein die Bundesstaaten zu entscheiden, das änderte sich 1881 und 1891 mit dem »Immigration Act«. Jetzt wurde auf nationaler Ebene festgelegt, wer in die Vereinigten Staaten einreisen durfte. Restriktive Kriterien wurden erarbeitet, die die Einwanderungszahlen beschränken sollten, hereingelassen werden sollten nur die gut ausgebildeten, die körperlich und geistig gesunden Menschen: Kranke, Kriminelle, Anarchisten und Prostituierte sollten nicht ins Land kommen, auch die Einwanderung von Asiaten wollte man stoppen. 1882 verabschiedete der US-Kongress den Chinese Exclusion Act, der die Einreise von chinesischen Arbeitern untersagte. Zunächst war die Gültigkeit auf zehn Jahre begrenzt. 1902 wurde der Chinese Exclusion Act auf unbestimmte Zeit verlängert – erst 1943 wurde er in Teilen aufgehoben. Die ethnische Zugehörigkeit nahm um 1900 an Bedeutung zu. Ähnlich wie mit den Chinesen verfuhr man wenig später auch mit den Japanern. War das Raster zunächst noch recht grob, so wurde es Anfang des 20. Jahrhunderts immer differenzierter, neben der Ethnie spielte zunehmend auch die Eugenik eine Rolle. Arthur Holitscher, der sich ausgiebig in Ellis Island umsehen durfte und Gespräche führen konnte, hörte von überall her die Klage: »Die Qualität der Zwischendecksmenschen hat sich verschlechtert. [...] Unerwünschtes Menschenmaterial körperlich und seelisch, sein Hereinströmen fälscht, entwertet den Typus des Amerikaners, heut schon merkt man das; wohin es noch führen wird, ist kaum abzusehen.«[272]

Einwanderungspolitik wurde zur Gefahrenabwehr, es ging um die Volksgesundheit und die Identität der Nation. Ellis Island war der Ort, an dem eine Art Inquisition stattfand. Man forschte nach körperlichen und geistigen Krankheiten, fragte nach Vermögens- und Familienverhältnissen, nach Vorstrafen, nach religiösen Bekenntnissen und politischen Einstellungen. Trotz aller Vorgaben und Kriterien herrschte ein großes Maß an Willkür. Gegen die Entscheidung der Ärzte und Inspektoren gab es keinen Einspruch, die Einwanderer, die oft mittellos waren und mit ihrer letzten Barschaft aufs Schiff gegangen waren, wurden, ohne dass sie den amerikanischen Boden berührt hatten, interniert. »Sie kommen«, so Holitscher, »[...] in Räume mit hohen Gittern um sie herum, in Hallen, endlose Gänge, Gitterkorridore, die mich augenblicklich an die Schleusen in den Chicagoer Schlachthäusern erinnern, durch die die Viehherden zur Schlachtbank gejagt werden. Keiner von diesen Korridoren führt nach Amerika. Viele führen ins Labyrinth des Wahnsinns, der Verzweiflung, des Selbstmords, viele an Amerika vorbei, ins alte Land zurück, in die bleierne, endgültige Hoffnungslosigkeit.«[273]

Ausführlich widmet sich Holitscher der Architektur und Raumgestaltung, der Farbgebung (alle Räume sind weiß, die große Halle mit einem überdimensionalen Sternenbanner dekoriert). Alle Ankömmlinge stehen in Reihen: »Kein Entkommen. Vor dem Ausgang der Reihen stehen Beamte hinter Pulten, jeder aus der Reihe muß sie passieren.«[274] Um die Schranke passieren zu können, muss man antworten, ›richtig‹ antworten. Paul Auster hat dazu in seinem 2017 erschienenen Roman »4 3 2 1« die schöne Anekdote erzählt, wie sein Protagonist Archibald Isaac Ferguson, ein russischer Jude, der aus Minsk kommt und eigentlich Isaak Reznikoff heißt, zum Amerikaner wurde. Über Warschau und Berlin war er nach Hamburg gelaufen, um sich in die Neue Welt einzuschiffen. Am 1. Januar 1900 erreichte er Ellis Island und stand in der Schlange. Während er auf die Befragung wartete, kam er mit einem anderen russischen Juden ins Gespräch, der ihm riet: »Vergiss den Namen Reznikoff. Der wird dir hier nichts nützen. Du brauchst einen amerikanischen Namen, einen, der sich gut amerikanisch anhört.« Der Mann gab ihm den Rat, er solle sich *Rockefeller* nennen, dann käme er schon durch. »Eine Stunde verging, und noch eine und als der neunzehnjährige Reznikoff endlich bei dem Einwanderungsbeamten an die Reihe kam, hatte er den Namen längst wieder vergessen. ›*Ihr Name?*‹, fragte der Beamte. Der müde Einwanderer schlug sich verzweifelt an die Stirn und platzte auf Jiddisch heraus: *Ich hob forgessen!* Und so begann Isaak Reznikoff sein neues Leben in Amerika als Ichabod Ferguson.«[275]

Austers Protagonist hat Glück gehabt. Noch mehr Glück hat Kafkas Protagonist Karl Roßmann, der ganz ohne Kontrolle ins Land kommt. Ellis Island wird von Kafka nicht einmal erwähnt. Bevor Karl das Schiff verlässt, setzt er sich noch bei dem Kapitän für den Heizer ein. Und noch bevor er amerikanischen Boden betreten hat, geht mit ihm eine bemerkenswerte Metamorphose vor: Er »fühlte sich so kräftig und bei Verstand, wie er es zu Hause niemals gewesen war. Wenn ihn doch seine Eltern sehen könnten, wie er in fremdem Land vor angesehenen Persönlichkeiten das Gute verfocht«.[276] Alle Dinge regeln sich aufs Beste. Und wie im Märchen mutet es an, dass Karl beim Verlassen des Schiffs seinen in Amerika reich gewordenen Onkel Jakob kennenlernt, der nimmt seinen Neffen sogleich in Empfang und führt ihn von Bord. »Als armer kleiner Einwanderer«,[277] das wird Karl schnell klar, hätte er keine Chance gehabt.

Der sechzehnjährige Karl Roßmann reiste, wie man heute sagen würde, als ›unbegleiteter Minderjähriger‹. Wäre es nach den Einwanderungsgesetzen gegangen, man »hätte ihn nach Hause geschickt, ohne sich weiter darum zu kümmern, daß er keine Heimat mehr hatte.«[278] Ein Migrantenschicksal, das Karl aufgezwungen wurde. Die Eltern haben ihn des Hauses, ja des Landes verwiesen, »weil ihn ein Dienstmädchen verführt und ein Kind von ihm bekommen hatte«.[279] Amerika war sein Exil, seine Neue Welt, in der, das erfährt er gleich am Anfang, die Dinge etwas anders gesehen werden. Was von seinen Eltern als Verfehlung betrachtet und sanktioniert wird, hat hier keine große Bedeutung. Der Onkel kritisiert sogar die Eltern, die den Neffen »einfach beiseitegeschafft« haben, »sein Verschulden«, wenn man überhaupt, so der Onkel, von »Verschulden« sprechen kann, ist in Amerika nicht weiter von Belang.[280] Ob moralische Verfehlungen oder Standesgrenzen – hier gelten andere, liberalere Regeln als in Europa.

Der Onkel nimmt ihn auf und macht ihn mit der Neuen Welt bekannt und versucht den Neffen zum Amerikaner zu erziehen. Der Betrieb des Onkels erinnert an Chaplins »Moderne Zeiten«, die Kafka hier vorwegnimmt: »Im Saal der Telephone gingen, wohin man schaute, die Türen der Telephonzellen auf und zu, und das Läuten war sinnverwirrend. Der Onkel öffnete die nächste dieser Türen, und man sah dort im sprühenden elektrischen Licht einen Angestellten, gleichgültig gegen jedes Geräusch der Türe, den Kopf eingespannt in ein Stahlband, das ihm die Hörmuscheln an die Ohren drückte. Der rechte Arm lag auf einem Tischchen, als wäre er besonders schwer, und nur die Finger, welche den Bleistift hielten, zuckten unmenschlich gleichmäßig und rasch. […] Mitten durch den Saal war ein beständiger Verkehr von hin und her gejagten Leuten. Keiner grüßte, das Grüßen war abgeschafft, jeder schloß sich den Schritten des ihm Vorhergehenden an und sah auf den Boden […]. ›Das grenzt ja ans Wunderbare‹, sagte Karl.«[281]

An Kurt Wolff, den damaligen Lektor des Rowohlt Verlags, schrieb Kafka, seine Absicht sei es gewesen, »das allermodernste New York«[282] zu schildern. Der Verlag hatte für das als eigenständige Erzählung veröffentlichte erste Kapitel »Der Heizer«, das Titelbild eines einlaufenden Segelschiffs gewählt – ein Stahlstich von 1850. Als Kafka das Bild sah, war er »erschrocken«, wie er an Kurt Wolff schrieb. Das Bild sei »schön«, aber eben »ein altes Bild«.[283] Kafka wollte durchaus das moderne Amerika zum Thema machen und den amerikanischen Traum, den sein Protagonist Karl zu leben versucht, auf Herz und Nieren prüfen. Alles, was er las, interessierte ihn und nahm ihn ein. Am 11. September 1912 träumte er von der Ankunft in New York.

»Ich befand mich auf einer aus Quadern weit ins Meer hineingebauten Landzunge. Irgendjemand oder mehrere Leute waren mit mir, aber das Bewußtsein meiner selbst war so stark, daß ich von ihnen kaum mehr wußte, als daß ich zu ihnen sprach.« Dann sah er »Newyork, wir waren im Hafen von Newyork. Der Himmel war grau aber gleichmäßig hell. Ich drehte mich frei, der Luft von allen Seiten ausgesetzt auf meinem Platz hin und her, um alles sehn zu können.« Und Kafka ist im Traum vergnügt und voller Behagen: »Das ist ja noch interessanter als der Verkehr auf dem Pariser Boulevard.«[284]

Bekanntlich ist Kafka in seiner Fantasie nur zu gerne verreist, über kleine Fluchten nachzudenken, das hat ihn bis an sein Lebensende gereizt. Am 7. September 1920 schreibt er an Milena Jesenská, dass er gestern »von der Gasse aus in den Festsaal des Jüdischen Rathauses hineinsah«. Er sah die Auswanderer, die hier auf ihr amerikanisches Visum warteten. Und Kafka, so schreibt er an Milena Jesenská, stellt sich vor, »ein kleiner ostjüdischer Junge« zu sein, der »im Winkel des Saales« steht, umgeben von seiner Familie – »und in paar Wochen wird man in Amerika sein.«[285] Die kleinen Fluchten lassen Kafka auch später nicht los: »Auswandern, Milena, auswandern!«[286]

Was aber Amerika anging, so sah er neben aller Faszination, die er im Roman ins Ironische, ins ganz und gar Anarchische und Absurde trieb, die andere Seite des amerikanischen Traums: »Denn auf Mitleid durfte man hier nicht hoffen, und es war ganz richtig, was Karl in dieser Hinsicht über Amerika gelesen hatte; nur die Glücklichen schienen hier ihr Glück zwischen den unbekümmerten Gesichtern ihrer Umgebung wahrhaft zu genießen.«[287]

Zuneigung und Wut

Einen Tag nach ihrer Ankunft in New York, am 26. Januar 1947, schreibt Simone de Beauvoir an Sartre aus dem Hotel Lincoln und schwärmt in den höchsten Tönen von der wunderbaren Stadt, »tausendmal wunderbarer, als ich es mir vorgestellt hatte«.[288] In ihrem Reisetagebuch berichtet sie von ihren ersten Exkursionen in die glitzernde Warenwelt, die – nach erzwungener Konsumenthaltung während des Krieges – mit ihrer Fülle und Überfülle lockt und Fantasien freisetzt. »Ich kann mich gar nicht sattsehen«: »die Blumen, die Seidenkleider, die Bonbons, die Nylonstrümpfe, die Handschuhe, Damentaschen, Schuhe, Pelze und Bänder, die in den Schaufenstern ausliegen«.[289] Von der »Poesie des Komforts«[290] fühlt sich Beauvoir überwältigt. Sie ist fasziniert von den *drugstores*, die Exotisches verheißen: »Nachfahren der alten Basare der Kolonialstädte und Niederlassungen des Far West«.[291] Läden, wo man alles findet, was man zum Leben braucht, wo man Frühstücken und für einige Augenblicke am »amerikanischen Leben« teilhaben kann. »Ich mag es«, schreibt sie Sartre, »wie hier gegessen wird: gedankenlos, leicht und nett und schnell«.[292] Es ist die Unkompliziertheit, die Ungezwungenheit, die sie an Amerika schätzt, die sie fasziniert. Und diese Ungezwungenheit schafft den Raum, aus dem eigenen Sein herauszutreten, sich neu zu erfinden und sich selbst zu überschreiten. 1944 hat sie in ihrem philosophischen Essay »Pyrrhus und Cineas« diesen Prozess der Selbstfindung und Individuation mit existentialistischen Begriffen beschrieben, Konstrukte, die ihr in Amerika plastisch ins Leben treten. Sie spricht vom »Zauberbild einer Existenz«,[293] die sich nicht darauf beschränkt, sich zu erhalten, sondern über sich hinauswächst. Die Anziehungskraft Amerikas liegt für sie in der Transzendenz, in dem immer möglichen »Neubeginnen«, in dem Wollen der Amerikaner, Herausforderungen anzunehmen: »Das ist es, was mich beim Anblick der Wolkenkratzer erregt: sie rufen es laut, daß der Mensch nicht in seinem Sein verharrt, sondern daß er Unternehmung, Expansion und Eroberung ist.«[294] Dahinter steht der Frontier-Mythos, der das Selbstverständnis der Amerikaner lange Zeit prägte und noch immer prägt. 1893 hatte der Historiker Frederick Jackson Turner in seiner Frontier-These behauptet, dass die Eroberung der Wildnis, die Kolonialisierung, prägend sei für den amerikanischen Nationalcharakter. Frontier bezeichnet im eigentlichen Sinn keine Grenze, sondern ein Grenzgebiet zum Westen hin, das noch nicht erobert und erschlossen sei, ein Gebiet außerhalb der Zivilisation – die Wildnis: Verlockung und Herausforderung. Jede Grenze, so könnte man den Frontier-Mythos umschreiben, ist vorläufig, es gibt keine ein für alle Mal festgelegte physische Grenzlinie, hinter jeder Grenzlinie öffnet sich ein unbekannter Raum, der mit neuen Erfahrungen lockt. Von der Existenz dieses Raumes hängt das kulturelle Sein ab – das kulturelle Sein der weißen Amerikaner. Die Frontier-Ideologie ist eine rassistische Ideologie. Beauvoir sieht wie das amerikanische Leben davon geprägt wird, der Pionier- und Siedlergeist, der zum Kernstück des amerikanischen Traums gehört, der die immerwährende Sehnsucht nach Aufbruch und »Neubeginnen« beschreibt. Eine Ideologie, der sie durchaus etwas abzugewinnen wusste, die sie aber auf ihrem Roadtrip mehr und mehr durchschaute.

Tief taucht sie ins amerikanische Leben ein, sie geht in »Thrillings und Laffmovies«, die ihr Vergnügen bereiten, fährt zur Spitze des Empire State Buildings, geht in ein Konzert von Louis Armstrong (»der ganze Saal war hingerissen und ich auch«),[295] zieht allabendlich durch die Restaurants und Nachtlokale, die gar nicht intim und verrucht genug sein können, sie nimmt an den Cocktailpartys bei Lévi-Strauss teil, trotz aller Warnungen läuft sie durch Harlem (»eine Art Abenteuer«).[296] Mitte Februar beginnen ihre Vorträge, sie verlässt das geliebte New York und fährt in »ein anderes Amerika«:[297] New London, Washington, Rochester, Buffalo, Cleveland. – Wo immer sie auch auftritt, die Erfahrung ist immer dieselbe, die amerikanischen Intellektuellen gehen sozialen und politischen Fragen aus dem Weg: Es gibt »kein eigentliches politisches Leben in Amerika«, insbesondere die jungen Menschen wollen damit nichts zu tun haben (»Nicht einmal unter sich sprechen sie von sozialen Problemen«[298]). Erst in Chicago fühlt sie sich wieder wohl – »eine wirkliche Stadt«:[299] »ich mochte Chicago sehr«, schreibt sie an Sartre, »vielleicht weil ich den Mann mochte, mit dem ich es gesehen habe.«[300] Der Mann, das ist der Schriftsteller Nelson Algren, in den sie sich Hals über Kopf verliebt, vielleicht auch – nach Sartres Eskapade mit Dolorès Vanetti – verlieben will. Das Porträt, das sie von ihrem Geliebten entwirft, ist alles andere als schmeichelhaft: »ich hatte Lust, abends mit diesem Mann auszugehen [...]. Er ist ein typischer Amerikaner, mit einem Gesicht, das keine Miene verzieht, einem Körper ohne Ausdruck.«[301] Nach Chicago steht Los Angeles auf ihrem Programm – eine Stadt, die sie »sprachlos«[302] macht: »es ist tatsächlich keine Stadt, sondern eine Zusammenballung von Dörfern, Wohnvierteln, Lagerplätzen, die untereinander durch Wälder, Parks und Wiesen getrennt sind.«[303]

Drei Wochen fährt sie kreuz und quer durch Kalifornien und Nevada: Reno, Death Valley, Las Vegas. »Die Landschaft ist hinreißend schön. Wüste und Sonne, dürr wie Andalusien.«[304] Sie ist entzückt von der Gegend, die sie durch Kinobilder kannte und nun wiedererkannte: 1923 hatte Erich von Stroheim seinen legendären Film »Greed« in dieser Landschaft angesiedelt, die unstillbare Gier nach Geld, eine Moritat auf den Raubtierkapitalismus, die Schlussszene, gedreht bei annähernd fünfzig Grad im Schatten, spielt in der Wüste des Death Valley. Sartre und Beauvoir kannten den Film in- und auswendig und spielten sich brieflich die Bälle zu. Beauvoir reiste mit dem Greyhound weiter in den Süden: Louisiana, Mississippi, Alabama. »Dieser Süden spricht mich mehr an als ganz Kalifornien und der Far West, und gleichzeitig verabscheue ich ihn.«[305]

Diese Gespaltenheit prägt ihr Amerikabild. Es ist die Bewegung zwischen Lob und Tadel, zwischen Begeisterung und Enttäuschung, die alle ihre Wahrnehmungen begleitet. Sobald sie die Lichtseite sieht, den Glanz, den dieses Amerika ausstrahlt, ist sie sich der Kehrseite bewusst.

Amerika ist Teil ihres Lebens, ihrer Kultur, ihrer Welt geworden.[306] Sie ist begeistert, aufgewühlt: »Man hat den erregenden Eindruck, daß alles noch beginnen könnte.«[307] Was jedoch die politische Seite betrifft, so ist sie aufgebracht und voller Ressentiments. Amerika ist eine »Mischung aus Zuneigung und Wut«.[308]

Als sie mit ihrer Freundin, der Schriftstellerin Natalie Sorokine, die Städte der Schwarzen besichtigt – Jacksonville, Savannah, Charleston – ist sie entsetzt: »niemals werde ich sie vergessen«, schreibt sie an Sartre.[309] »Zum erstenmal sehen wir mit eigenen Augen diese scharfe Trennung, von der wir bisher nur gehört hatten […]: etwas fällt wie eine Last auf unsere Schultern, es wird uns während unserer ganzen Reise durch den Süden nicht mehr verlassen. Unsere eigene Haut ist schwer und drückend geworden und ihre Farbe verbrennt uns.«[310] Im Essay »Schwarzer Orpheus« hat Sartre, inspiriert von seiner Amerikareise und seiner Auseinandersetzung mit der Rassendiskriminierung, über das Problem der Schwarzen nachgedacht, die in der Welt der Weißen in ihrem Anderssein kenntlich sind, kenntlich allein durch die Pigmentierung ihrer Haut. Es gibt für sie keine Ausflucht: »ein Jude kann als Weißer unter Weißen leugnen, daß er Jude ist […], der Neger kann nicht leugnen, daß er Neger ist […]: er ist schwarz.«[311] Er muss sich, in einer Welt, die von Weißen dominiert wird, mit seiner »Rasse« auseinandersetzen, er kann sich nicht entziehen, ist »zur Authentizität verdammt«,[312] wie Sartre schreibt.

Die »Negerfrage«

Gleich am Anfang ihres Aufenthalts wird Simone de Beauvoir bedeutet, die »Negerfrage« sei die rote Linie, die man nicht überschreiten darf, wenn man es nicht mit den Amerikanern verderben will. Darüber hinaus aber sei die »Negerfrage« so komplex und voraussetzungsvoll, dass es eines ungeheuren Wissens bedürfe, um überhaupt sinnvoll darüber sprechen zu können. In ihrem Reisetagebuch ist die »Negerfrage« gleichwohl immer virulent, sie ist, auch in einer liberalen Stadt wie New York, ein Teil der alltäglichen Wahrnehmung, die sich nicht ausblenden lässt. Auf der Straße, in den Hotels, den Restaurants und beim abendlichen Swing-Tanz werden Ressentiments sichtbar, kommt es zu peinlichen Szenen. Im letzten Teil des Tagebuchs wird die Rassensegregation zum Thema. Das war in den Vierzigerjahren neu. Die Rassensegregation spielte in den Büchern der Europäer über Amerika bis zu diesem Zeitpunkt eine eher untergeordnete Rolle. Der Kontext, in dem sich die europäischen Debatten um Amerika bewegten, war an politischen und kulturellen Interessen, an Macht und Einfluss ausgerichtet, die Rassendiskriminierung fand zwar Erwähnung, wurde aber als ein Randphänomen behandelt, ein Problem, das, so die vorherrschende Meinung, in erster Linie die Amerikaner selbst angehe.

Beauvoir suchte nach Erklärungen für ein Problem, mit dem sie sich bisher nicht beschäftigt hatte, das aber alle, die sie in Amerika kennenlernte, umtrieb, für das jedoch keiner eine Lösung wusste. Sie selbst wollte nicht länger schweigen und die Frage um die Schwarzen ausblenden. Das hatte Konsequenzen. Als 1953 die amerikanische Ausgabe des Reisetagebuchs erschien, wurde die Auseinandersetzung Beauvoirs mit der Rassentrennung herausgenommen.[313] Der Verlag war zu der Überzeugung gekommen, dass man Beauvoirs Ansichten über die Rassendiskriminierung dem amerikanischen Publikum nicht zumuten könne.

Irgendwann während ihres Amerika-Aufenthalts hat ihr Richard Wright ein Buch zum Thema empfohlen. Eine Studie, die 1944 erschienen war und in der eine These vertreten wird, die ihr sofort einleuchtete und sympathisch war: »Das Negerproblem ist in erster Linie ein Problem der Weißen.«[314] Bei der Studie handelt es sich um die oben bereits erwähnte Untersuchung von Gunnar Myrdal: »An American Dilemma. The Negro Problem and Modern Democracy« – ein gewichtiges, zweibändiges Werk. Gewichtig auch in seinen Wirkungen, denn die Studie beeinflusste die Rechtsprechung des Landes. Als der Supreme Court am 17. Mai 1954 mit der Urteilsverkündung Brown vs Board of Education die getrennten Schulen für weiße und afroamerikanische Kinder für verfassungswidrig erklärte, verwies er auf Gunnar Myrdals Untersuchung. Mit diesem aufsehenerregenden Urteil war die seit 1896 gültige Rechtsprechung, die auf der Entscheidung Plessy vs Ferguson beruhte, aufgehoben. Damals ging es um getrennte Abteile für Weiße und Schwarze in Eisenbahnzügen, die höchstrichterlich, unter bestimmten Voraussetzungen, für zulässig erklärt wurden, fortan galt das Prinzip »Separate but equal« (Getrennt aber gleich). Mit der Aufhebung der Rassentrennung an öffentlichen Schulen stand der Kampf der Bürgerrechtsbewegung erst am Anfang, die Durchsetzung des Urteils war und ist bis heute ein Problem. Der Nationalökonom Myrdal, der von der Universität Stockholm kam, hat sich mit »An American Dilemma« einen Namen gemacht, es war der Beginn einer großen Karriere als global agierender Intellektueller, der, zusammen mit seiner Frau Alva, Sozialtechnologien zur Reform der Gesellschaft entwickelte.[315]

Myrdal hatte sich bisher zwar nicht mit dem »Negerproblem« beschäftigt, galt aber als exzellenter Wissenschaftler, der zudem aus einem ›unbelasteten‹ Land kam, in dem es keine koloniale Vergangenheit und keine Rassentrennung gab. Amerikanische Wissenschaftler wären, so die Auffassung der Stiftung, in dieser Frage als befangen angesehen worden. Von Myrdal erwartete man ein möglichst objektives Herangehen an die Sache, vor allem aber erhoffte man sich Vorschläge, die politisch umsetzbar waren. Frederick P. Keppel, von 1922 bis 1941 Präsident der Carnegie Corporation, schrieb im Vorwort des Buchs, dass die Untersuchung dazu beitragen solle, Maßnahmen zur Abschaffung der Rassendiskriminierung einzuleiten und das angekratzte Bild Amerikas zu ändern.

Die Möglichkeit dazu wurde allgemein als günstig angesehen, die Wirtschaft prosperierte und die soziale Situation der Afroamerikaner verbesserte sich zu dieser Zeit. Dazu kam, dass viele Schwarze, die in Europa gekämpft hatten, mit großem Selbstbewusstsein nach Hause zurückkehrten und nicht mehr so ohne weiteres bereit waren, die Diskriminierungen im Alltag hinzunehmen. Der Zeitpunkt für die Veröffentlichung der Studie hätte nicht besser gewählt sein können.

Myrdal stellte eine Forschergemeinschaft aus schwarzen und weißen Gelehrten zusammen: einunddreißig Feldforscher, sechsunddreißig Assistenten, einer seiner engsten Mitarbeiter war der amerikanische Diplomat und Bürgerrechtler Ralph Bunche, der 1950 den Friedensnobelpreis erhielt. Mit Bunche reiste Myrdal in den Süden, um den Rassismus an Ort und Stelle kennenzulernen. Um diese Reise ranken sich viele Geschichten und Anekdoten – angeblich ging Myrdal in provokativer Absicht mit Bunche in Lokale, die nur Weiße betreten durften. Er wollte sehen, wie die Rassisten reagierten, was sie taten, was sie sagen würden. Myrdal schickte auch seine Interviewer an die Front, sie wurden dazu aufgefordert, alles aufzuschreiben, was Weiße über Schwarze denken. Und sie bekamen, laut Studie, offenbar so manches zu hören, Schwarze Menschen seien kriminell und gewalttätig, würden weiße Frauen vergewaltigen, seien alkoholsüchtig, würden sich nicht unterordnen, seien faul und nicht bereit, einer regelmäßigen Arbeit nachzugehen.[316] Häufig wurden die Interviewer mit der Frage konfrontiert: »›Möchten Sie, dass Ihre Tochter (Schwester) einen Neger heiratet?‹«[317] Man müsse, so Myrdal, »ein Künstler der interrassistischen Diplomatie sein«,[318] um hier bestehen zu können.

Auf der Reise in den Süden besuchte Myrdal auch William Edward Burghardt Du Bois, den großen Gelehrten und Führer der Afroamerikaner, der den Rassismus zum Problem der Epoche erklärte. 1903 trat er mit seinem berühmten Buch »The Souls of Black Folk« (»Die Seelen des schwarzen Volkes«) hervor. Du Bois hat eindrücklich beschrieben, wie man als Afroamerikaner in einer amerikanischen Welt lebt, in der man kein »wahres Selbstbewußtsein« gewinnen kann und sich immer nur durch »die Offenbarung der anderen Welt«[319] sieht. »Man spürt immer sein Zwillingssein,

ein Amerikaner, ein Neger, zwei Seelen, zwei Gedanken, zwei unversöhnte Bestrebungen, zwei sich bekämpfende Ideale in einem dunklen Körper«.[320] Du Bois hat Myrdals Projekt gelobt und ausgesprochen positiv beurteilt, doch zu einer Zusammenarbeit kam es nicht.

Myrdal situiert das Problem der Rassendiskriminierung in neuer Perspektive, er will alles zusammentragen, was es an Vorurteilen über Schwarze Menschen gibt und wie sich diese Vorurteile begründen. »Das amerikanische Negerproblem ist ein Problem im Herzen der Amerikaner. Es ist dort, wo die Spannungen zwischen den Rassen sich konzentrieren. Dort findet der entscheidende Kampf statt. Dies ist der zentrale Gesichtspunkt dieser Abhandlung.«[321] Nicht um die wirtschaftlichen, sozialen und politischen Bedingungen solle es in erster Linie gehen, sondern um »das moralische Dilemma des Amerikaners – der Konflikt zwischen seinen moralischen Werten«. Und Myrdal präzisiert, »das ›Amerikanische Dilemma‹ […], ist der ständig schwelende Konflikt zwischen einerseits den Werten, die auf der allgemeinen Ebene gelten, die wir das ›Amerikanische Glaubensbekenntnis‹ nennen, wo der Amerikaner unter dem Einfluss hoher nationaler und christlicher Normen denkt, spricht und handelt, und andererseits den Werten auf der Ebene des persönlichen und gesellschaftlichen Lebens, wo persönliche und lokale Interessen, wirtschaftliche, soziale und sexuelle Eifersüchteleien seine Einstellung dominieren.«[322]

Beauvoir liest »An American Dilemma« nach ihrer Rückkehr im Dezember 1947, in dieser Zeit schließt sie ihr Manuskript »Amerika Tag und Nacht« ab. »Der Autor ist wirklich klug«, schreibt sie am 1. Dezember 1947 an Nelson Algren, »er weiß und versteht viel, er spricht nicht nur über die Negerfrage, sondern über viele andere amerikanische Probleme.«[323] Der Tenor ihrer Lobpreisungen steigert sich Ende des Monats noch einmal. Am 30. Dezember 1947 heißt es in einem Brief an Algren: »Das Buch ›American Dilemma‹ ist wunderbar; wissen Sie, es gibt nicht nur über die Schwarzen Aufschluß, sondern über ganz Amerika und auch über die Europäer, über alle Formen von Vorurteil, Unaufrichtigkeit, Unterdrückung und so weiter.«[324] Damit spielt Beauvoir auf den Sexismus an, den Myrdal in seiner Rassismusstudie zum Thema gemacht hat,[325] was damals Kontroversen innerhalb des Forscherteams auslöste. Nicht alle waren von der Analogie zwischen der Diskriminierung der Schwarzen und der Diskriminierung der Frauen überzeugt. Die Befreiung der afroamerikanischen Sklaven, so Myrdals Behauptung, sei von Anfang an »mit dem Kampf für die Emanzipation der Frau verknüpft«.[326] Gerade im Süden würde »eine besonders enge Beziehung zwischen der Unterordnung der Frauen und der der Neger«[327] bestehen. Vorurteile, wie man sie gegenüber den Schwarzen fände, seien in gleicher Weise für die Frauen relevant. »Wie im Falle des Negers wurden die Frauen selbst oft dazu gebracht, an ihre mindere Begabung zu glauben.«[328] Die Männer würden dabei eine zentrale Rolle spielen: »Überall auf der Welt haben die Männer die Gewerkschaften benutzt, um die Frauen aus dem Wettbewerb herauszuhalten. Die Konkurrenz der Frauen war, wie die der Neger, besonders unangenehm und wurde von den Männern gefürchtet, weil die Frauen mit ihren wenigen Verdienstmöglichkeiten bereit sind, für einen niedrigen Lohn zu arbeiten.«[329] Für Simone de Beauvoir waren das inspirierende Gedanken und Ideen. Auch für Alva Myrdals Studie »Nation and Family« (1941) interessierte sie sich. An Algren schrieb sie: »Ich möchte gern ein ebenso wichtiges Buch schreiben wie dieses große über die Schwarzen; Myrdal weist auf viele sehr interessante Analogien zwischen dem Status der Neger und dem der Frauen hin – ich hatte das bereits geahnt.«[330] Beauvoir nahm den Ball auf, den Myrdal ihr zugespielt hatte. Das Buch über »Vorurteil, Unaufrichtigkeit, Unterdrückung« erschien 1949 in Frankreich unter dem Titel »Le Deuxième Sexe« und zwei Jahre später in deutscher Übersetzung unter dem Titel: »Das andere Geschlecht« – ihr Opus magnum.

Beauvoir hatte sich Myrdals Perspektive zu eigen gemacht: Jeder Amerikaner sei von den Idealen geprägt, wie sie in der Unabhängigkeitserklärung ausgedrückt seien, diese Ideale (Gleichheit, Freiheit, Menschenwürde) seien kein »leeres Geschwätz«,[331] sondern hätten für das Selbstbild des Amerikaners eine hohe Bedeutung. Natürlich bestehe eine Kluft zwischen Ideal und Wirklichkeit – und diese Kluft, so Beauvoir, werde größer. So könne man zu dem Schluss kommen, die demokratischen Ideale seien »eine scheinheilige und zynisch ausgebeutete Lüge«,[332] aber das stimme nicht, zumindest stimme es nicht ganz. Die Ideale, wie die »Ehrfurcht vor der menschlichen Persönlichkeit«, seien »tief in den Herzen der Amerikaner verankert«.[333] Es seien in gewisser Weise Fiktionen, aber Fiktionen, die wirken und eine Realität beschreiben. Amerika lebe aus diesen Fiktionen – und nicht zuletzt das, meinte Beauvoir, mache das Land so anziehend. Beauvoir folgt in diesem Punkt der idealistischen Annahme Myrdals, dass die Amerikaner, egal ob Weiße oder Schwarze, sich im Grunde am *American Creed* als den höheren moralischen Wert orientieren. Das höchste Gesetz des Landes, die Seele Amerikas, drücke sich in diesem Glaubensbekenntnis aus. Myrdal verweist auf »Jefferson und seine Zeitgenossen«, als sie sagten, »dass die Menschen gleich seien, meinten sie dies vor allem im moralischen Sinn, dass sie gleiche Rechte haben sollten, der Schwächere nicht weniger als der Stärkere«.[334] Trotz Diskriminierung glaube der schwarze wie der weiße Amerikaner an Freiheit und Gleichheit, er stellt die Ideale nicht infrage, er zweifelt nicht an ihrer universellen Gültigkeit. Die Frage nach der Differenz, nach dem Auseinanderklaffen von Ideal und Wirklichkeit, ist ein europäisches Problem, das in der Wahrnehmung und in der Kritik an den Vereinigten Staaten einen hohen Stellenwert einnimmt. In Amerika weiß man um die unüberbrückbare Kluft zwischen Versprechen und Realität, aber man stört sich nicht daran.

Myrdal will in seiner Studie aufzeigen, dass die Vorurteile über die Minderwertigkeit der Schwarzen unbegründet sind und sich wissenschaftlich nicht halten lassen. Er glaubt, dass man den Rassismus mit wissenschaftlichen Erkenntnissen widerlegen und bekämpfen kann. Beauvoir ist davon allerdings nicht überzeugt, »viele vom Rassenwahn Befangene kümmern sich nicht um wissenschaftliche Erkenntnisse und erklären hartnäckig: auch wenn physiologische Gründe nicht ermittelt werden können, Tatsache ist, daß die Schwarzen minderwertiger als die Weißen *sind*. Es genügt, durch Amerika zu reisen, um sich davon zu überzeugen. Aber was heißt *sein*? Ist es etwas Unwandelbares wie Sauerstoff? Oder drückt es den Augenblick einer Situation aus, die *geworden ist*, wie jede menschliche Situation? Das ist die Frage. Und für jeden Unvoreingenommenen ist es klar, daß nur der zweite Sinn der richtige ist.«[335]

Diese Passage ist kontrovers diskutiert worden,[336] insbesondere auch aufgrund der Begriffswahl, die Beauvoir von Myrdal übernimmt: minderwertig/höherwertig. Was Beauvoir hier als »Tatsache« bezeichnet, so Stella Standford, sei doch zu hinterfragen. Der Einwand gegen Beauvoir lautet: Die Schwarzen *sind* nicht minderwertig, sie werden durch den rassistischen Diskurs ›minderwertig gemacht‹, die Existenz als Underdog wird ihnen aufgezwungen.[337] Beauvoir meint jedoch, die Minderwertigkeit sei zunächst einmal eine »Tatsache«, die es zu akzeptieren gilt, und sie verweist auf ihre eigene Erfahrung: »Es genügt, durch Amerika zu reisen, um sich davon zu überzeugen.« Wer die Minderwertigkeit der Schwarzen nur als ›gemachte Minderwertigkeit‹ behandelt, relativiert sie, so argumentiert Slavoj Žižek. Das nämlich würde bedeuten, die Minderwertigkeit »dringt nicht bis in ihr Innerstes ein«[338] und bestimme nicht wirklich das Sein der Schwarzen. »Wenn Schwarze von Weißen als minderwertig behandelt werden, dann macht sie das in der Tat auch zu solchen und zwar auf der Ebene ihrer soziosymbolischen Identität.«[339]

Anders als Žižek und anders als Beauvoir ist Myrdal der Meinung, die Minderwertigkeit sei keine wirkliche Tatsache, sondern würde den Schwarzen (wie auch den Frauen) zugeschrieben und in kulturellen Verhältnissen wurzeln. Diese Zuschreibungen seien durch Aufklärung und Bildung, insbesondere aber auch durch *social engineering* zu korrigieren. So schlägt Myrdal vor, die Schwarzen im Süden in kleinere Städte umzusiedeln, um Brennpunkte der Rassendiskriminierung zu entschärfen. Problematisch an der Studie ist aber, dass die Kultur der Weißen zum Maßstab gemacht wird. Eine Kultur der Schwarzen im eigenständigen Sinn gibt es für Myrdal nicht. Die »amerikanische Negerkultur«, so Myrdal, sei keine eigenständige Kultur, sondern eine »Abweichung«. »Sie ist eine verzerrte Entwicklung oder ein pathologischer Daseinszustand der allgemeinen amerikanischen Kultur.«[340] Diese Pathologie gelte es zu korrigieren, dazu müssten sich die Afroamerikaner assimilieren: »Wir gehen davon aus, dass es den amerikanischen Negern, als Individuum wie als Gruppe, zum

Vorteil gereichen würde, sich an die amerikanische Kultur zu assimilieren, Eigenschaften zu erwerben, die bei den dominanten weißen Amerikanern Wertschätzung finden.«[341] Diese Lösung des Rassismus durch Assimilation hätte Du Bois sicher nicht mitgetragen. Myrdal will das Denken verändern und will den Rassismus durch Bildung und Wissen wegerziehen, er setzt dabei auf die Schwarzen, sie sollen ihre Minderwertigkeit ablegen und die besseren Eigenschaften der Weißen erwerben, um so die Weißen von ihren rassistischen Ideen abzubringen.[342]

Am Ende ihres Reisetagebuchs berichtet Simone de Beauvoir von einer Diskussion mit Richard Wright über die Weißen des Nordens, die Weißen in New York, die das Sein der Schwarzen als »Antithese der amerikanischen Zivilisation« interpretieren: »vortrefflich begabt für Musik und Tanz, reich an animalischen Instinkten und einer ungewöhnlichen, sinnlichen Kraft, sorglos, leichtsinnig, verträumt, poetisch, religiös, empfänglich, undiszipliniert, naiv – das ist das konventionelle Bild, das sie sich von den Negern machen.«[343] Die schwarzen Eigenschaften sind eine Konstruktion der Weißen, aber auch eine Tatsache. Es gibt keine eigenständige Kultur der Schwarzen, keine eigene Identität, so beschrieb es schon Du Bois in seinem Buch über »Die Seelen des schwarzen Volkes«. An dieser Zustandsbeschreibung hat sich wenig geändert, obwohl es immer wieder Ansätze und Strömungen gab, die die Suche nach einer schwarzen Identität propagiert haben. Man denke nur an die in den Dreißigerjahren in Frankreich von Léopold Sédar Senghor und Aimé Césare begründete Emanzipationsbewegung der Négritude. Das Motto war »retour aux sources«. Im Mittelpunkt stand die Rückbesinnung auf die Kultur und Kunst Afrikas, sie sollte den Schwarzen Selbstbewusstsein und Identität verleihen. Senghor entwickelte die Vision von einer imaginären ›schwarzen Seele‹ und berief sich auf vermeintlich besondere Eigenschaften der Schwarzen, die sich die Welt nicht durch Vernunft, sondern durch Emotion aneignen würden. Senghors Ideen zur Identität der Schwarzen gipfelten in dem berühmten Satz: »Die Emotion ist schwarz, die Vernunft hellenisch.«

Was die »Negerfrage« angeht, so endet Beauvoirs Reisetagebuch in Resignation: Der Unterschied zwischen Schwarzen und

Weißen, der »auf den verschiedenen Gegebenheiten der historischen, wirtschaftlichen, sozialen und kulturellen Situation« beruht, könne im Prinzip »abgeschafft werden [...]. Aber das ist eine der Wahrheiten, von denen sich auch die Amerikaner, die guten Willens sind, nicht überzeugen lassen.«[344] Frantz Fanon hat den »unter die Haut« gehenden Konflikt, in dem es keine Lösung zu geben scheint, in einem Aphorismus auf den Punkt gebracht:

»Der Weiße ist in seine Weißheit eingesperrt.
Der Schwarze in seine Schwarzheit.«[345]

Im Schlaraffenland

Als Kolumbus am 12. Oktober 1492 mit seinen bis an die Zähne bewaffneten kastilischen Seeleuten die Insel betrat, die in der Sprache ihrer Bewohner ›Guanahani‹ hieß, nahm er zum ersten Mal die Menschen der neuentdeckten Welt wahr. Wir erblickten, schreibt er in sein »Bordbuch«, »allsogleich nackte Eingeborene«.[346] Sie gehen umher, »wie Gott sie erschaffen, Männer wie Frauen«.[347] Alle waren »jung an Jahren« und »sehr gut gewachsen«, hatten »einen schön geformten Körper und gewinnende Gesichtszüge«.[348] Mit einiger Überraschung stellt er fest: »Sie führen keine Waffen mit sich, die ihnen nicht einmal bekannt sind«.[349] Auch kennen sie kein Eigentum und messen den Dingen völlig andere Werte zu: »Alles, was sie besitzen, geben sie freudig für jeden noch so törichten Gegenstand.«[350]

Kolumbus glaubte dem Paradies nah zu sein – ein Paradies, das man dann bekanntlich nachhaltig zerstört hat und dessen Ureinwohner man gnadenlos ausgerottet hat. Gleichwohl hat sich noch immer etwas von diesem Paradiesischen, das zur Fiktion Amerikas (Jean Baudrillard) gehört, zu den vielen Erzählungen, von denen Amerika umstellt und geprägt ist, bis heute erhalten. Ottmar Ette schreibt: Es »ist eine der stärksten und folgenreichsten Erfindungen die von einem paradiesischen Amerika, von einem Amerika als tropischem locus amoenus, von einem Amerika, wie es sich noch in unseren Werbebroschüren der Tourismusindustrie findet. [...] Unterschiedlichste Paradiesvorstellungen durchqueren die gesamte Amerika-Literatur und sind ein immer wieder aktualisiertes Phänomen bei der ständigen Neu-Erfindung der Neuen Welt.«[351]

Von einem paradiesischen Amerika erzählt uns auch ein Autor, den man eigentlich eher als Kritiker Amerikas zu kennen meint: Theodor W. Adorno. Kaum einer hat so radikal wie Adorno die Massenkultur und ihre in Amerika sichtbaren Phänomene und Praktiken kritisiert. Adorno sprach von der »unersättlichen Uniformität«,[352] von der Schrumpfung der »Unterschiede«, von der

»Macht der Monotonie«,[353] von einer Gesellschaft, in der es »nichts zu lachen« gibt, in der »Fun« ein »Stahlbad«[354] ist und in der die Massen durch Konsum und Kultur betrogen werden: »Immerwährend betrügt die Kulturindustrie ihre Konsumenten um das, was sie immerwährend verspricht.«[355] »Kulturindustrie« ist der Begriff, den er verwendet, um die Verhältnisse in Amerika auf den Punkt zu bringen.[356] Dass Kunst und Kultur Warencharakter haben, ist freilich eine Einsicht, die für Adornos Denken schon früh prägend war.

Adorno hielt sich mehr als elf Jahre in Amerika auf. Er kam im Februar 1938 als Flüchtling und blieb bis November 1949, danach folgte noch ein einjähriger Aufenthalt 1952–53. Abgesehen von Urlaubsreisen lebte er fast durchweg in New York oder Los Angeles. 1943 nahm er die amerikanische Staatsbürgerschaft an, fühlte sich aber, wie er betont, nicht als Amerikaner. »Vom ersten bis zum letzten Tag« habe er sich »als Europäer«[357] empfunden.

So wie er sich selbst nicht als Amerikaner sah, so hat er auch seine Kritik nicht im engen Sinn als Kritik an Amerika verstanden, sondern als Kritik am fortgeschrittenen Kapitalismus. Amerika war lediglich die illustrative Folie, in der Phänomene sichtbar wurden, die – da war sich Adorno sicher – bald auch in Europa in Erscheinung treten werden. Während Europa den Entwicklungen hinterherhinke, biete Amerika »die fortgeschrittenste Beobachterposition«.[358] Zunächst und vor allem war Amerika aber für Adorno das Land, in dem er Zuflucht vor der Barbarei der Nazis fand und in Sicherheit leben konnte – dafür war er den Amerikanern dankbar. Doch es war nicht nur das Gefühl aufgenommen und geschützt zu sein, es war auch Sympathie mit Land und Leuten. Adorno schätzte die Amerikaner als offene, freundliche Menschen – er lernte in Amerika eine Art von Freundlichkeit kennen, die es in Europa, zumindest damals, nicht gab, eine Freundlichkeit, in der sich Zivilisiertheit, Wohlwollen und Respekt ausdrückte, »reale Humanität«,[359] wie sie Adorno nannte. Nach seiner Rückkehr hat er darüber berichtet, zunächst in den Fünfzigerjahren in dem Vortrag »Kultur und Culture«, dann 1968 in dem Essay »Wissenschaftliche Erfahrungen in Amerika«, überdies in zahlreichen Aufsätzen, in denen sich Reminiszenzen an seine Zeit in Amerika finden. In all diesen Texten hat er ein uneingeschränkt positives, ja, teilweise geradezu paradiesisches Bild Amerikas gezeichnet. Nun könnte man sagen, all das sind spätere Erinnerungen an Amerika, die die realen Erfahrungen vielleicht doch etwas verklären. Liest man jedoch Adornos Briefe an die Eltern aus den frühen Vierzigerjahren, so finden wir hier eben jene Eindrücke und Einschätzungen vom amerikanischen Leben, über die er nach seiner Rückkehr noch einmal in aller Ausführlichkeit berichtet. Als Adorno im März 1942 zum Blutspenden geht, schreibt er an die Eltern: »alle Beteiligten, Ärzte, Schwestern und Mitspender sind von einer Humanität und Freundlichkeit, wie sie bei einer europäischen Amtsstelle schlechterdings unvorstellbar ist. Wie man überhaupt in der emergency hier einen wirklich demokratischen Geist von Hilfsbereitschaft und Kooperation kennen lernt, der eine große Überraschung darstellt und der wirklich etwas mit substantieller Demokratie zu tun hat.«[360] Keineswegs ein singulärer Eindruck. Wenige Wochen später schwärmt er erneut von der »ungemeine[n] Freundlichkeit und Humanität« im zwischenmenschlichen Verkehr, ganz im Gegensatz zu Europa, wo man »die Menschen als Objekt der Verwaltung betrachtet«.[361] Demokratie sei in Amerika etwas, das in den Alltag, in die Lebensform eingegangen sei. Nicht von ungefähr spricht Adorno vom »demokratischen Geist« und von »substantieller Demokratie«. Anders als in Deutschland, so schreibt er in »Individuum und Staat«, würde in Amerika der Staat »zwar von seinen Bürgern als gesellschaftliche Organisationsform, nirgends aber als eine über dem Leben der Individuen schwebende, ihnen befehlende oder gar absolute Autorität empfunden. Die Abwesenheit jener Sphäre des Offiziellen, die für die europäischen Staaten so charakteristisch ist, vor allem aber die Nicht-Existenz des Berufsbeamtentums und aller damit zusammenhängenden Vorstellungen gehören zu den nachdrücklichsten Erfahrungen, die der Einwanderer in Amerika macht.«[362] Der Glaube an den Staat als übergeordnete Instanz, als »Sein an sich«, gelte für die meisten Amerikaner als schlichtweg unamerikanisch. Diese Haltung, die den demokratischen Geist im Leben ansiedelt und nicht mit der »obersten gesellschaftlichen Organisationsform«[363] identifiziert, wünschte sich Adorno, es ist vielen seiner Essays zu entnehmen, auch für das Deutschland der Nachkriegszeit. Amerika war in diesem Sinn Vorbild.

Wie viele Emigranten ist auch Adorno in Deutschland nicht mit offenen Armen empfangen worden, seine Berufung zum ordentlichen Professor erfolgte erst 1956 und vollzog sich alles andere als komplikationslos. An Horkheimer schreibt er von den Intrigen im universitären Betrieb, in Briefen an Thomas Mann berichtet er von seinen »deutschen Erfahrungen«,[364] die ihn doch einigermaßen enttäuscht haben. Ob Kalifornien oder Frankfurt, ein Ort ist so unwirklich wie der andere: »man ist nirgends mehr zu Hause«,[365] so Adorno im Brief an Mann. Der Rückkehrer, der elf Jahre die amerikanische Freundlichkeit genossen hatte, konnte sich nur schwer umgewöhnen. Von »realer Humanität« fand er im Nachkriegsdeutschland wenig.[366] Vielleicht war das ein Grund für Adorno im Vortrag »Kultur und Culture« *coram publico* das Loblied auf Amerika anzustimmen, das beileibe nicht nur eine Strophe hat (die amerikanische Freundlichkeit, das »keep smiling«), sondern in ›Amerika‹ das Lebensgefühl einer Unbeschwertheit und Humanität feiert, die im alten Europa, wie Adorno meint, nicht zu finden sei.

Den Vortrag »Kultur und Culture« hat Adorno bei zahlreichen Gelegenheiten gehalten. Zum ersten Mal am 30. November 1956 im Mannheimer Amerikahaus, zum letzten Mal am 24. November 1966 in Wuppertal.[367] Der Titel hieß ursprünglich: »Amerikanische und deutsche Kultur – sind sie vergleichbar?« Der in den »Nachgelassenen Schriften« abgedruckte Text folgt dem Vortrag im Münchner Amerikahaus am 7. Juni 1957, der vom Bayerischen Rundfunk mitgeschnitten und am 10. September 1957 im Nachtstudio unter dem Titel »Kultur und Culture« gesendet wurde.

Der ursprüngliche Titel fragt nach der Vergleichbarkeit der beiden Kulturen: »Amerikanische und deutsche Kultur« – und so beginnt auch der Vortrag: Adorno macht die diametralen Unterschiede im Kulturverständnis der Europäer bzw. der Deutschen und der Amerikaner deutlich. In Deutschland sei Kultur mit der etymologischen Bedeutung des Wortes *colere* und *agricola* verknüpft, der Aspekt der Pflege und Bewahrung der Natur stehe im Mittelpunkt, in Amerika dagegen lege man den Akzent auf die

Beherrschung der Natur, auf die »Gestaltung der Wirklichkeit«[368] und auf die »Beziehungen der Menschen« zueinander. Kultur müsse sich in Amerika daran messen, was sie zum »Leben der Menschen« beiträgt, »was man sozusagen davon hat«.[369] Solche materialistischen Einstellungen sind, wie Adorno feststellt, in der deutschen Geisteskultur verpönt, und man reagiere zumeist auf das amerikanische Kulturverständnis kurz und bündig mit dem altbekannten Vorurteil: »Die haben ja keine Kultur.«[370]

Adorno will den Materialismus, der den Amerikanern zugeschrieben wird, retten, retten vor denjenigen, die sich zur Geisteskultur rechnen und es sich leisten können, materialistische Einstellungen zu verachten. Materialistische Einstellungen, darauf weist Adorno einleitend hin, passen nicht zu einer Kultur wie der deutschen, in der »die Sphäre des Geistes absolut« gesetzt wird und in der der »Prozeß der Spiritualisierung der Kultur«[371] zwar zum Gefühl einer geistigen Überlegenheit führte, aber eben auch zu einem Mangel an Realität.

Nicht die Unterschiede im kulturellen Selbstverständnis interessieren Adorno, sondern eine grundlegend andere Lebenseinstellung in Amerika, eine Art von Zivilisiertheit, die in einem entspannten Verhältnis zum Materialismus wurzelt. Claus Offe hat vom »fröhlichen Materialismus«[372] gesprochen, dem Adorno in seinem Vortrag huldigen würde. Da ist etwas dran. Denn Adorno nimmt nicht die Produkte selbst in den Blick, die Warenwelt und den glitzernden Luxus des Konsums, sondern »die überwältigende Fülle an Gütern«, sie gehöre zu den »stärksten Erfahrungen«[373] für den, der nach Amerika kommt, eine Erfahrung, die sich kaum beschreiben lasse, die man aber nicht einfach abtun und gering erachten könne. Das Wissen um die Gütermenge übe Wirkungen aus, setze Fantasien frei: »Es steckt darin etwas vom Schlaraffenland.« Und Adorno empfiehlt seinen Zuhörern: »Sie müssen nur einmal durch einen sogenannten amerikanischen ›supermarket‹, so einen dieser Riesenmärkte gehen […], und Sie werden irgendwie – das Gefühl mag noch so trügerisch und oberflächlich sein –, Sie werden irgendwie das Gefühl haben, es gibt keinen Mangel mehr, es ist die schrankenlose, die vollkommene Erfüllung der materiellen Bedürfnisse überhaupt.«[374] Adorno hält ein Plädoyer für den Materialismus, er glaubt, dass eine Welt, die so viele Güter hervorbringt, nicht einfach nur im kruden Sinn materialistisch ist, dass da noch mehr, noch anderes mitschwingt. Der Überfluss an Gütern erzeugt das Gefühl, es gebe prinzipiell genug, man müsse keinen Mangel leiden. Darin liege ein Stück erfüllter Utopie, die in jeder Kultur eine Rolle spielt, auch in der Geisteskultur, nur ist dort die utopische Erfüllung nicht materialistisch definiert, sondern mit der schrankenlosen Erfüllung von Liebe und Glück. Die Güterfülle, wie sie für die amerikanische Gesellschaft charakteristisch ist, lässt den Mangel zurücktreten, im Alltagsleben würde es darum friedlicher und unaggressiver zugehen als in Europa. Die Aussage möchte man mit einem großen Fragezeichen versehen.

Anders ist es mit Adornos Verteidigung des amerikanischen Materialismus, mit seinem Versuch, ihn vor den Einsprüchen der Geisteskultur zu retten, da ist man gern dabei, mit ebenso viel Sympathie betrachtet man das von Adorno entworfene Wunschbild einer Welt, die keinen Mangel mehr kennt und in der die materiellen Bedürfnisse erfüllt sind. Es ist eine Utopie – Adorno weist darauf hin –, die mit besonderer »Vorsicht« und »Zartheit«[375] zu behandeln ist. Ist es doch so, dass, wenn man solche Gedanken ungeschützt äußert, die Einsprüche kommen, und Adorno war sich dieser Einsprüche wohl bewusst. In einer Vorbemerkung zum Vortragsmanuskript hat er sich sehr reserviert gegenüber dem Wunsch geäußert, einer Publikation zuzustimmen. In einem Text könne man »genaue Belege« geben, im Vortrag bleibe es »bei der dogmatischen Behauptung von Resultaten«.[376]

Man spürt im Vortrag die Vorsicht, mit der Adorno seine Gedanken über Amerika äußert. Nachdem er die Katze aus dem Sack gelassen und von »Güterfülle« und »Schlaraffenland« gesprochen hat, bewegt er sich in einem Zickzack-Kurs, er malt seine Utopie weiter aus, reichert sie an und ruft sich sogleich zur Ordnung, indem er an die Realität erinnert, an die andere Seite der Medaille: »Ich weiß sehr genau, daß es auch in Amerika, dem Land des Monopolkapitalismus, nichts umsonst gibt.«[377] Noch einmal greift er die einige Zeit vorher eingeführten Begriffe »Güterfülle« und »Schlaraffenland«[378] auf. An dieser Stelle wiederholt er sie, er wiederholt auch den Satz, dass es in Amerika »nichts umsonst gibt«.[379] Und er fügt noch hinzu, dass man »in einem gewissen Sinn sagen« kann, »daß in Amerika alles um des Profits willen geschieht und daß man irgendwie die Spuren des Tauschs auf dem Markt noch bis in die sublimsten menschlichen Beziehungen hinein verfolgen kann«.[380] Doch genau hier schlägt das »Pendel«[381] wieder in die andere Richtung, wird das Bild von einem Amerika, in dem das Miteinander eine größere Rolle spielt als in Europa, vollends entfaltet. Und es ist bemerkenswerterweise die »Universalität des Tauschbetriebs«, der Marktmechanismus, der die Menschen zusammenbringt und aus der Vereinzelung befreit, sodass, so Adorno, »alle für alle da sind« und der Mensch nicht wie in Europa »in der Beschränktheit seines je eigenen Interesses verhärtet«.[382] In Amerika herrsche eine »unendlich viel größere Nähe« zwischen der Demokratie und »dem Lebensgefühl der Menschen«.[383] Zivilisiertheit und Kultiviertheit sei kein Prozess der sich »von innen nach außen« abspiele, sondern durch die »Entäußerung« des Menschen. Nicht als Einzelne können wir uns verwirklichen, sondern nur indem wir »aus uns herausgehen« und »zu anderen Menschen in Beziehung treten«.[384] Dies bezeichne in exquisiter Form die Lebensweise der Amerikaner, dafür verwenden sie den Begriff der »Extrovertiertheit«.[385] – Ein Begriff, der Adorno nicht sonderlich gut gefällt und mit dem er wahrscheinlich auf David Riesman anspielt, der in seinem 1950 erschienenen Buch »Die einsame Masse« von einer »außen-geleiteten Lebensweise«[386] spricht, in der die Menschen dem Umgang mit anderen Menschen höchste Priorität einräumen. Bemerkenswerterweise bezieht sich Adorno nicht auf Riesmans Definition des innen-geleiteten Menschen, ein Typus, der aber für seine weitere Argumentation nicht unerheblich ist. Folgen wir Riesman, so ist der innen-geleitete Mensch, ein Mensch, der innerlich nie zur Ruhe kommt, er verbringt sein Leben mit der dauernden inneren Erschaffung und Erarbeitung seines Charakters.[387] Mit sich selbst identisch zu sein, ist sein größter Wunsch. »Berufserfüllung bedeutet für ihn Lebenserfüllung.«[388]

Wie gesagt, diese Beziehung stellt Adorno nicht her, er unterbricht seinen Redefluss nach der »Extrovertiertheit« mit dem geheimnisvoll klingenden Satz: »Ich möchte Ihnen etwas vielleicht recht Schockierendes hier sagen.«[389] Man kann sich die Spannung im Publikum vorstellen. Und in der Tat, Adorno erzählt eine kleine Geschichte über das »keep smiling«, die Heiterkeit im Auditorium erzeugt. Das entzückende Lächeln des »Ladenmädchens«, das würde jeder sofort fühlen, mag nicht echt sein, mag »nicht das Lächeln dieses Individuums« sein, dazu würde es vom Chef angehalten, möglicherweise hätte sie das Lächeln sogar »in einer sogenannten ›charm school‹« gelernt, die es in Amerika gebe. Wir nehmen das Lächeln als strategisch wahr, als unaufrichtig, aber, so Adorno, wir sollten »es uns damit nicht zu leicht machen«.[390] Denn ob aufrichtig oder strategisch gelächelt wird, ist oft gar nicht so entscheidend, auch das strategische Lächeln, so hat die Psychologie festgestellt, wirkt entspannend und steigert das Wohlbefinden in der zwischenmenschlichen Kommunikation. Adorno setzt zur Rettung des in Europa häufig geschmähten ›keep smiling‹ an. Wer durch »äußeren Zwang« zur Freundlichkeit gebracht wird, finde vielleicht doch eher, so Adorno, eine Beziehung zu anderen Menschen als derjenige, der nur »um mit sich selbst identisch zu sein [...], ein bösartig, vermüffeltes Gesicht macht«.[391]

Der innen-geleitete Mensch, der auf seiner Authentizität besteht, der keine Distanz zum Ich hat und es verabscheut, sich zu spielen, signalisiert durch sein Gehabe nur, dass er auf die anderen Menschen keine Rücksicht nimmt. Man sollte sich darum, meint Adorno, nicht über »die Oberflächlichkeit« des ›keep smiling‹ entrüsten, es stifte im zwischenmenschlichen Verkehr eine Atmosphäre des Respektes und der Freundlichkeit[392] – eine »reale Humanität«, die es in Europa schwer habe. Jede Geste bedarf hier der Legitimation, der Prüfung, ob sie echt oder unecht, aufrichtig oder unaufrichtig sei.

In seinem 1968 zuerst auf Englisch veröffentlichten Essay »Wissenschaftliche Erfahrungen in Amerika« hat Adorno seine Ansichten noch einmal wiederholt und in Teilen sogar verstärkt. In einer Zeit, als der Antiamerikanismus zur Haltung einer studentischen Generation wurde, hielt Adorno beharrlich an Amerika fest: »Wohl ist Amerika nicht mehr das Land der unbegrenzten Möglichkeiten, aber man hat immer noch das Gefühl, daß alles möglich wäre.«[393]

Anmerkungen

1 Simone de Beauvoir: Amerika Tag und Nacht. Reisetagebuch 1947. Übersetzung: Heinrich Wallfisch. Reinbek b. Hamburg 2002, S. 9.

2 Beauvoir an Sartre, 25. Januar 1947. In: Simone de Beauvoir: Briefe an Sartre, Bd. 2: 1940–1963. Hg. und mit Anmerkungen versehen von Sylvie Le Bon de Beauvoir. Übersetzung: Judith Klein. Reinbek b. Hamburg 1997, S. 357.

3 Beauvoir: Amerika Tag und Nacht, a. a. O., S. 9.

4 Ebd., S. 361.

5 Kate Kirkpatrick: Simone de Beauvoir. Ein modernes Leben. Übersetzung: Erica Fischer und Christine Richter-Nilsson. München 2021, S. 253.

6 Jean-Paul Sartre: Der Existentialismus ist ein Humanismus und andere philosophische Essays. 1943–1948. Übersetzung: Werner Bökenkamp u. a. Reinbek b. Hamburg 2021, S. 162.

7 Ebd., S. 162.

8 Ebd., S. 164.

9 Ebd., S. 149.

10 Ebd., S. 150.

11 Ebd., S. 119.

12 Beauvoir: Amerika Tag und Nacht, a. a. O., S. 9.

13 Ebd.

14 Gemeint ist wie auch im Folgenden Nordamerika (Vereinigte Staaten von Amerika) und nicht der gesamte Kontinent.

15 Simone de Beauvoir: Der Lauf der Dinge. Übersetzung: Paul Baudisch. Reinbek b. Hamburg 2008, S. 124–125.

16 Beauvoir: Amerika Tag und Nacht, a. a. O., S. 20.

17 Ebd., S. 19.

18 Hierzu Axel Schildt: Medien-Intellektuelle in der Bundesrepublik. Hg. und mit einem Nachwort versehen von Gabriele Kandzora und Detlef Siegfried. Göttingen 2020, S. 348.

19 Vgl. Annie Cohen-Solal: Sartre 1905–1980. Übersetzung: Eva Groepler. Reinbek b. Hamburg 1988, S. 352.

20 Vgl. ebd., S. 358.

21 Vgl. ebd., S. 374.

22 Zit. n. Cohen-Solal: Sartre, a. a. O., S. 378.

23 Jean-Paul Sartre: Amerikanische Städte. In: Ders.: Situationen. Essays. Übersetzung: Werner Bökenkamp u. a. Reinbek b. Hamburg 1965, S. 231. Es ist hervorzuheben, dass der Ausdruck »Neger«, dem englisch-amerikanischen Sprachgebrauch der Zeit entsprechend hier aus dem Original zitiert wird – wie auch im Folgenden.

24 Ebd.

25 Jean-Paul Sartre: Individualismus und Konformismus in den Vereinigten Staaten. In: Ders.: Situationen. Essays. Übersetzung: Werner Bökenkamp u. a. Reinbek b. Hamburg 1965, S. 222.

26 Vgl. ebd.

27 Vgl. Cohen-Solal: Sartre, a. a. O., S. 361.

28 Zit. n. ebd., S. 365.

29 Jean-Paul Sartre: New York, eine Kolonialstadt. In: Ders.: Situationen. Essays. Übersetzung: Werner Bökenkamp u. a. Reinbek b. Hamburg 1965, S. 241.

30 Ebd., S. 243.

31 Ebd., S. 241–242.

32 Louis-Ferdinand Céline: Reise ans Ende der Nacht. Übersetzung und Nachwort: Hinrich Schmidt-Henkel. Reinbek b. Hamburg 2003, S. 244.

33 Sartre: Amerikanische Städte, a. a. O., S. 237.

34 Ebd., S. 239.

35 Ebd., S. 240.

36 Claude Lévi-Strauss: Traurige Tropen. Übersetztung: Eva Moldenhauer. Frankfurt/M. 1978, S. 70–71.

37 Emmanuelle Loyer: Lévi-Strauss. Eine Biographie. Übersetzung: Eva Moldenhauer. Frankfurt/M. 2017, S. 440.

38 Jean-Paul Sartre: Die Wörter. Aus dem Französischen mit einer Nachbemerkung von Hans Mayer. Reinbek b. Hamburg 1965, S. 165.

39 Sartre: New York, eine Kolonialstadt, a. a. O., S. 245.

40 Simone de Beauvoir: In den besten Jahren. Übersetzung: Rolf Soellner. Reinbek b. Hamburg 2008, S. 121.

41 Ebd.

42 Ebd., S. 122.

43 Jean-Paul Sartre: Über John Dos Passos und Neunzehnhundertneunzehn. In: Ders.: Der Mensch und die Dinge. Aufsätze zur Literatur 1938–1946. Übersetzung: Lothar Baier u. a. Reinbek b. Hamburg 1978, S. 121.

44 Ebd.

45 Vgl. zu Duhamel: Egbert Klautke: Amerikanismus und Antiamerikanismus in Deutschland und Frankreich. Adolf Halfeld und Georges Duhamel. In: Wolfgang Essbach (Hg.): Welche Modernität? Intellektuellendiskurse zwischen Deutschland und Frankreich im Spannungsfeld nationaler und europäischer Identitätsbilder. Berlin 2000, S. 173–191.

46 Hannah Arendt: Europa und Amerika. Traum und Alptraum. In: Dies.: Zur Zeit. Politische Essays. Hg. und mit einem Nachwort versehen von Marie Luise Knott. Übersetzung: Eike Geisel. Hamburg 1999, S. 72.

47 Zahlen aus Egbert Klautke: Amerikanismus und Antiamerikanismus im Frankreich der Zwischenkriegszeit. In: Hermann Danuser, Hermann Gottschewski (Hg.): Amerikanismus, Americanism, Weill: die Suche nach kultureller Identität in der Moderne. Schliengen 2007, S. 67–90.

48 Ferdinand Fried: Das Abenteuer des Abendlandes, zit. n. Schildt: Medien-Intellektuelle, a. a. O., S. 345.

49 Jean-Paul Sartre: Die Befreiung von Paris: Eine Woche der Apokalypse. In: Ders.: Paris unter der Besatzung. Artikel, Reportagen, Aufsätze 1944–1945. Hg., übersetzt und mit einem Nachwort von Hanns Grössel. Reinbek b. Hamburg 1980, S. 56.

50 Sartre zit. n. Cohen-Solal: Sartre, a. a. O., S. 357.

51 Ebd., S. 356.

52 Albert Camus: Reisetagebücher. Hg. und mit einer Einführung von Roger Quilliot. Übersetzung: Guido G. Meister. Reinbek b. Hamburg 1980, S. 25.

53 Ebd., S. 26.

54 Beauvoir: Der Lauf der Dinge, a. a. O., S. 124–125.

55 Beauvoir an Sartre, 26. Januar 1947. In: Beauvoir: Briefe an Sartre. Bd. 2: 1940–1963, a. a. O., S. 363.

56 Arendt: Europa und Amerika, a. a. O., S. 76.

57 Jean-Paul Sartre: »Ich habe den Jazz in Amerika entdeckt« (I discovered Jazz in america). In: The Saturday Review, Nov. 29, 1947.

58 Ebd.

59 Vgl. John Gerassi: Talking with Sartre. New Haven 2009, S. 54.

60 Sartre an Beauvoir, Januar 1946. In: Jean-Paul Sartre: Briefe an Simone de Beauvoir und andere. Hg. von Simone de Beauvoir. Bd. 2: 1940–1963. Übersetzung: Andrea Spingler. Reinbek b. Hamburg 1985, S. 354.

61 Sartre: Individualismus und Konformismus, a. a. O., S. 222.

62 Ebd., S. 225.
63 Ebd., S. 222.
64 Ebd.
65 Ebd.
66 Ebd., S. 223.
67 Ebd., S. 225.
68 Ebd., S. 223
69 Ebd.
70 Ebd., S. 224.
71 Ebd., S. 223.
72 Ebd., S. 226.
73 Ebd.
74 Ebd., S. 225.
75 Ebd.
76 Klautke: Amerikanismus und Antiamerikanismus im Frankreich der Zwischenkriegszeit, a. a. O.
77 Sartre: Individualismus und Konformismus, a. a. O., S. 226.
78 Vgl. ebd., S. 229.
79 Ebd., S. 227.
80 Ebd., S. 228.
81 Ebd., S. 226.
82 Ebd.
83 Frank Böckelmann: Die Gelben, die Schwarzen, die Weißen. Frankfurt/M. 1998, S. 430.
84 Sartre: Individualismus und Konformismus, a. a. O., S. 225.
85 Sartre zit. n. Cohen-Solal: Sartre, a. a. O., S. 379.
86 1945, ebd., S. 370.
87 Rasse ist ein gesellschaftliches Konstrukt, das im 18. Jahrhundert entstanden ist, als der europäische Kolonialismus die Welt neu ordnete und mit Wertungen versah. Wir wissen heute, dass es so etwas wie ›Rasse‹ nicht gibt. Die Menschen sind genetisch betrachtet fast gleich. Und folgt man der Forschung, dann gibt es mehr Unterschiede zwischen Menschen schwarzer Hautfarbe als zwischen Menschen schwarzer und heller Hautfarbe. Rasse ist ein diskriminierender Begriff. Die Rede von einer ›schwarzen Rasse‹, ist genauso diskriminierend wie das berüchtigte ›N-Wort‹.
88 Jean-Paul Sartre: Die ehrbare Dirne. In: Ders.: Gesammelte Dramen. Die Fliegen. Bei geschlossenen Türen, Tote ohne Begräbnis, Die ehrbare Dirne. Reinbek b. Hamburg 1970, S. 109.
89 Ebd., S. 117.

90 Ebd., S. 122.
91 Dieser Begriff stammt von Jean-Paul Sartre: Saint Genet, Komödiant und Märtyrer. Übersetzung: Ursula Dörrenbächer. Reinbek b. Hamburg 1982, S. 85.
92 Beauvoir: Amerika Tag und Nacht, a. a. O., S. 232.
93 Jean-Paul Sartre: Was ist Literatur? Hg. und neu übersetzt und mit einem Nachwort von Traugott König. Reinbek b. Hamburg 1986, S. 64.
94 Ebd.
95 Thomas Assheuer: »Das ist das letzte Gefecht«. Interview mit Karl Heinz Bohrer. In: Die Zeit, 7.3.1997.
96 Beauvoir: Amerika Tag und Nacht, a. a. O., S. 217.
97 Beauvoir an Nelson Algren, 30. Dezember 1947. In: Simone de Beauvoir: Eine transatlantische Liebe. Briefe an Nelson Algren: 1947–1964. Hg., mit einem Vorwort, Zwischentexten und Anmerkungen versehen von Sylvie Le Bon de Beauvoir. Übersetzung: Judith Klein. Reinbek b. Hamburg 1999, S. 194.
98 Beauvoir an Nelson Algren, 1. Dezember 1947. Ebd., S. 164.
99 »Ich möchte gern ein ebenso wichtiges Buch schreiben«, ebd.
100 Ibram X. Kendi: Gebrandmarkt. Die wahre Geschichte des Rassismus in Amerika. Übersetzung: Susanne Röckel und Heike Schlatterer. München 2017, S. 318.
101 Beauvoir: Amerika Tag und Nacht, a. a. O., S. 285.
102 Simone de Beauvoir: Das andere Geschlecht. Sitte und Sexus der Frau. Übersetzung: Uli Aumüller und Grete Osterwald. Reinbek b. Hamburg 2021, S. 10.
103 Beauvoir: Der Lauf der Dinge, a. a. O., S. 125.
104 Vgl. Arendt: Europa und Amerika, a. a. O., S. 71.
105 Zum Begriff des Medien-Intellektuellen siehe Schildt: Medien-Intellektuelle, a. a. O., S. 9 ff.
106 Sartre zit. n. Cohen-Solal: Sartre, a. a. O., S. 357.
107 Gerassi: Talking with Sartre, a. a. O., S. 64
108 Sartre zit. n. Cohen-Solal: Sartre, a. a. O., S. 433.
109 Zu diesem Begriff: Schildt: Medien-Intellektuelle, a. a. O., S. 20.
110 Jean-Paul Sartre: New Writing in France. The Resistance »taught that literature is no fancy activity independet of politics«. In: Vogue, Juli 1945, Editor's Note, S. 85.
111 Ebd.
112 Sartre: Das Ende des Krieges. In: Ders.: Paris unter der Besatzung, a. a. O., S. 75.

113 Ebd.
114 Ebd.
115 Ebd., S. 75–76.
116 Ebd., S. 74.
117 Siehe hierzu auch Cohen-Solal: Sartre, a. a. O., S. 390.
118 Dazu Kirkpatrick: Simone de Beauvoir, a. a. O., S. 236.
119 Sartre: Der Existentialismus ist ein Humanismus, a. a. O., S. 145.
120 Sartre zit. n. Cohen-Solal: Sartre, a. a. O., S. 374.
121 Beauvoir: Der Lauf der Dinge, a. a. O., S. 125.
122 Alexis de Tocqueville: Fünfzehn Tage in der Wildnis. Übersetzung: Heinz Jatho. Mit einem Nachwort von Robin Celikates. Zürich, Berlin 2014, S. 7.
123 Alexis de Tocqueville: Über die Demokratie in Amerika. Übersetzung: Hans Zbinden. München 1976, S. 16.
124 Sartre: 12. Januar – Mai 1945, Beauvoir: 25. Januar – 20 Mai 1947.
125 Beauvoir: Amerika Tag und Nacht, a. a. O., S. 34.
126 Ebd., S. 27.
127 Ebd., S. 17.
128 Ebd., S. 16.
129 Ebd., S. 21.
130 Tocqueville: Über die Demokratie in Amerika, a. a. O., S. 16.
131 Gustave de Beaumont und Alexis Tocqueville: Amerika's Besserungs-System und dessen Anwendung auf Europa. Übersetzung: U. H. Julius. Berlin 1833, S. 46–47.
132 Michel Foucault: Überwachen und Strafen. Die Geburt des Gefängnisses. Übersetzung: Walter Seitter. Frankfurt/M. 1979, S. 302.
133 Ebd., S. 304.
134 Ebd., S. 303.
135 Ebd., S. 305.
136 Von dieser Position rückten Tocqueville und Beaumont später ab, sie betonen die Bedeutung des äußeren Zwangs und die Wichtigkeit körperlicher Strafen.
137 Tocqueville zit. n. Karl Schlögel: American Matrix. Besichtigung einer Epoche. München 2023, S. 30.
138 Vgl. Foucault: Überwachen und Strafen, a. a. O., S. 295 ff.
139 Tocqueville: Über die Demokratie in Amerika, a. a. O., S. 4.
140 Arendt: Europa und Amerika, a. a. O., S. 73.
141 Robin Celikates: Nachwort zu Tocqueville: Fünfzehn Tage in der Wildnis, a. a. O., S. 106.
142 Tocqueville: Über die Demokratie, a. a. O., S. 811.

143 Ebd., S. 5.
144 Ebd., S. 15.
145 Ebd., S. 225.
146 Ebd., S. 61.
147 Ebd., S. 267.
148 Ebd., S. 494.
149 Ebd., S. 286.
150 Ebd.
151 Ebd., S. 285.
152 Ebd.
153 Ebd., S. 286.
154 Ebd., S. 300.
155 Ebd., S. 658.
156 Vgl. dazu Henning Ritter: Die dunkle Seite der Zivilisation. Alexis de Tocqueville und die Demokratie in Amerika. In: Ders.: Die Schreie der Verwundeten. Versuch über die Grausamkeit. München 2013, S. 75.
157 Vgl. Tocqueville: Über die Demokratie in Amerika, a. a. O., S. 667.
158 Ebd., S. 617.
159 Ebd.
160 Ebd., S. 618.
161 Ebd., S. 626.
162 Ebd., S. 560.
163 Ebd., S. 631.
164 Ebd., S. 628.
165 Ebd., S. 366.
166 Ebd.
167 Ebd., S. 284 ff.
168 Michael Mann: Die dunkle Seite der Demokratie. Eine Theorie der ethnischen Säuberung. Übersetzung: Werner Roller. Hamburg 2007, S. 11.
169 Hannah Arendt: Über die Revolution. Hg. von Thomas Meyer. Mit einem Nachwort von Jürgen Förster. München 2020, S. 105.
170 Ebd.
171 Tocqueville: Über die Demokratie in Amerika, a. a. O., S. 393.
172 Ebd.
173 Ritter: Die dunkle Seite der Zivilisation, a. a. O., S. 91.
174 Ebd.
175 Jefferson zit. n. Mann: Die dunkle Seite der Demokratie, a. a. O., S. 109.

176 Tocqueville: Über die Demokratie in Amerika, a. a. O., S. 393.
177 Ebd.
178 Ebd., S. 394.
179 Ebd., S. 418.
180 Ebd., S. 479.
181 Vgl. Alexander und Margarete Mitscherlich: Die Unfähigkeit zu trauern. Grundlagen kollektiven Verhaltens. München 1967.
182 Axel Schildt: Sind die Westdeutschen amerikanisiert worden? Zur zeitgeschichtlichen Erforschung kulturellen Transfers und seinen gesellschaftlichen Folgen nach dem Zweiten Weltkrieg. In: Aus Politik und Zeitgeschichte, Bonn, 26.5.2002.
183 Thomas Mann: Rede zur Eröffnung der ›Münchner Gesellschaft 1926‹. In: Ders.: Von Deutscher Republik. Politische Schriften und Reden in Deutschland. Nachwort von Hanno Helbling. Frankfurt/M. 1984, S. 238.
184 Thomas Mann: Betrachtungen eines Unpolitischen. Berlin 1922, S. 121.
185 Mann: Rede zur Eröffnung der ›Münchner Gesellschaft 1926‹, a. a. O., S. 239.
186 Mann: Betrachtungen eines Unpolitischen, a. a. O., S. 122.
187 Richard Vahrenkamp: Wirtschaftsdemokratie und Rationalisierung. Zur Technologiepolitik der Arbeiterbewegung in der Weimarer Republik. In: Gewerkschaftliche Monatshefte 34 (1983), S. 724.
188 Ebd., S. 723.
189 Vgl. ebd., S. 729.
190 Hans Magnus Enzensberger: Mann, Kafka, and the Katzenjammer Kids. In: New York Times Book Review, 17. November 1985, S. 37. [Übersetzung: der Verf.]
191 Assheuer: »Das ist das letzte Gefecht«, a. a. O.
192 Tzvetan Todorov: Die Eroberung Amerikas. Das Problem des Anderen. Übersetzung: Wilfried Böhringer. Frankfurt/M. 1985, S. 12.
193 Ebd.
194 Ebd., S. 13.
195 Böckelmann: Die Gelben, die Schwarzen, die Weißen, a. a. O., S. 430.
196 Wolfgang Koeppen: Tauben im Gras. Stuttgart, Hamburg, München 1951, S. 22.
197 Ebd.
198 Ebd., S. 35.
199 Ebd., S. 36.

200 Ebd., S. 23.
201 Ebd., S. 51.
202 Ebd., S. 131.
203 Ebd., S. 96.
204 Ebd.
205 Ebd., S. 32.
206 Zahlen aus: Heike B. Görtemaker: Einleitung. In: Margret Boveri: Amerikafibel für erwachsene Deutsche. Ein Versuch, unverstandenes zu erklären. Berlin 2006, S. 34.
207 Ebd., S. 35.
208 Margret Boveri: Verzweigungen. Eine Autobiographie. Hg. und mit einem Nachwort von Uwe Johnson. München 1977, S. 11.
209 Vgl. ebd., S. 65ff.
210 Dazu Heike B. Görtemaker: Ein deutsches Leben. Die Geschichte der Margret Boveri 1900–1975. München 2005, S. 28.
211 Ebd., S. 31.
212 Boveri: Verzweigungen, a. a. O., S. 134.
213 Görtemaker: Ein deutsches Leben, a. a. O., S. 48.
214 Boveri: Verzweigungen, a. a. O., S. 208.
215 Vgl. Görtemaker: Ein deutsches Leben, a. a. O., S. 145.
216 Zit. n. ebd., S. 145.
217 Uwe Johnson: Nachwort des Herausgebers. In: Boveri: Verzweigungen, a. a. O., S. 376.
218 Ebd.
219 Thomas Mann an Agnes E. Meyer, 28. Juni 1944. In: Thomas Mann / Agnes E. Meyer: Briefwechsel 1937–1955. Hg. von Hans Rudolf Vaget. Frankfurt/M. 1992, S. 567.
220 Vom Autokauf wird berichtet in Margret Boveri: Amerika – Mythos und Wirklichkeit. Inventur von einer Autofahrt quer durch die Vereinigten Staaten. In: Frankfurter Zeitung, 5. Januar 1941.
221 Ebd.
222 Dazu Görtemaker: Ein deutsches Leben, a. a. O., S. 147, S. 350–351, Anmerkung 329.
223 Vgl. Margret Boveri: Reisen, Erfahrung, Abenteuer. Die Rekrutierung in den Vereinigten Staaten. In: Frankfurter Zeitung, 27. Oktober 1940.
224 Zit. n. Görtemaker: Ein deutsches Leben, a. a. O., S. 146.
225 Boveri: Amerika – Mythos und Wirklichkeit, a. a. O.
226 Ebd.
227 Ebd.

228 Jean Baudrillard: Amerika. Übersetzung: Michaela Ott. Berlin 2004, S. 77.
229 Vgl. Görtemaker: Ein deutsches Leben, a. a. O., S. 163 – Uwe Johnson: Nachwort des Herausgebers, in: Boveri: Verzweigungen, a. a. O., S. 382.
230 Boveri: Amerikafibel, a. a. O., S. 55.
231 Ebd.
232 Ebd.
233 Ebd., S. 61.
234 Ebd., S. 62.
235 Ebd.
236 Ebd., S. 84.
237 Ebd.
238 Ebd., S. 66.
239 Ebd., S. 68.
240 Ebd.
241 Ebd., S. 69.
242 Ebd.
243 Ebd.
244 Ebd.
245 Ebd., S. 70.
246 John Dos Passos: Das Land des Fragebogens. 1945: Reportagen aus dem besiegten Deutschland. Übersetzung: Michael Kleeberg. Reinbek b. Hamburg 1999, S. 90.
247 Zur »Umformung des Menschen«: Boveri: Amerikafibel, a. a. O., S. 134 f.
248 Ebd., S. 135.
249 Ebd., S. 120.
250 Ebd., S. 132.
251 Boveri: Landschaft mit doppeltem Boden, a. a. O.
252 Boveri: Amerikafibel, a. a. O., S. 130.
253 Ebd., S. 104.
254 Sartre: Individualismus und Konformismus, a. a. O., S. 225.
255 Ernst Jünger zit. n. Schildt: Medien-Intellektuelle, a. a. O., S. 357.
256 Boveri: Amerikafibel, a. a. O., S. 53.
257 Ebd., S. 240.
258 John Dos Passos: Manhattan Transfer. Übersetzung: Dirk van Gunsteren. Reinbek b. Hamburg 2016, S. 93.
259 Boveri: Amerikafibel, a. a. O., S. 77.
260 Ebd.

261 Kurt Tucholsky: Amerika heute und morgen. In: Ders.: Gesammelte Werke in 10 Bänden, Bd. 1: 1907–1918. Hg. von Mary Gerold-Tucholsky und Fritz J. Raddatz. Reinbek b. Hamburg 1975, S. 49.
262 Ebd., S. 48.
263 Arthur Holitscher: Amerika heute und morgen. Reiseerlebnisse. Berlin 1912, S. 39.
264 Thomas Mann: Tagebücher 1933–1934. Hg. von Peter de Mendelssohn. Frankfurt/M. 1977, S. 436.
265 Wolfgang Koeppen: Amerikafahrt. Frankfurt/M. 1982, S. 12.
266 Franz Kafka: Amerika (Der Verschollene). In: Ders.: Sämtliche Werke. Mit einem Nachwort von Peter Höfle. Frankfurt/M. 2008, S. 9.
267 Hartmut Binder: Kafka. Der Schaffensprozeß. Frankfurt/M. 1983, S. 122.
268 Holitscher: Amerika heute und morgen, a. a. O., S. 360.
269 Ebd., S. 39.
270 Boveri: Amerikafibel, a. a. O., S. 78.
271 Vgl. dazu auch Patrice Djoufack: Der Selbe und der Andere. Formen und Strategien der Erfahrung der Fremde bei Kafka. Wiesbaden 2005, S. 224.
272 Holitscher: Amerika heute und morgen, a. a. O., S. 341–342.
273 Ebd., S. 352.
274 Ebd.
275 Paul Auster: 4 3 2 1. Übersetzung: Thomas Gunkel, Werner Schmitz, Karsten Singelmann und Nikolaus Stingl. Reinbek b. Hamburg 2017, S. 6.
276 Kafka: Amerika (Der Verschollene), a. a. O., S. 23.
277 Ebd., S. 34.
278 Ebd., S. 35.
279 Ebd., S. 9.
280 Ebd., S. 26.
281 Ebd., S. 41–42.
282 Franz Kafka an Kurt Wolff, 25.05.1913. In: Kurt Wolff: Briefwechsel eines Verlegers 1911–1963. Hg. von Bernhard Zeller u. Ellen Otten. Frankfurt/M. 1980, S. 31.
283 Ebd., S. 32.
284 Franz Kafka: Tagebücher, Bd. 2: 1912–1914. In der Fassung der Handschrift. Nach der Kritischen Ausgabe hg. von Hans Gerd Koch. Frankfurt/M. 2008, S. 82–83.

285 Franz Kafka an Milena Jesenská, 7. September 1920. In: Franz Kafka: Briefe an Milena. Erweiterte und neu geordnete Ausgabe. Hg. von Jürgen Born und Michael Müller. Frankfurt/M. 2004, S. 257–258.
286 Franz Kafka an Milena Jesenská, Mitte November 1920, ebd., S., 292.
287 Kafka: Amerika (Der Verschollene), a. a. O., S. 35.
288 Beauvoir an Sartre, 26. Januar 1947. In: Beauvoir: Briefe an Sartre. Bd. 2: 1940–1963, a. a. O., S. 361.
289 Beauvoir: Amerika Tag und Nacht, a. a. O., S. 13.
290 Beauvoir an Sartre, 26. Januar 1947. In: Beauvoir: Briefe an Sartre. Bd. 2: 1940–1963, a. a. O., S. 363.
291 Beauvoir: Amerika Tag und Nacht, a. a. O., S. 25.
292 Beauvoir an Sartre, 31. Januar 1947. In: Beauvoir: Briefe an Sartre. Bd. 2: 1940–1963, a. a. O., S. 374.
293 Beauvoir: Amerika Tag und Nacht, a. a. O. S. 368.
294 Ebd.
295 Ebd., S. 389.
296 Ebd., S. 37.
297 Ebd., S. 75.
298 Ebd., S. 95.
299 Ebd., S. 97.
300 Beauvoir an Sartre, 28. Februar 1947. In: Beauvoir: Briefe an Sartre. Bd. 2: 1940–1963, a. a. O., S. 408.
301 Ebd., S. 409.
302 Beauvoir: Amerika Tag und Nacht, a. a. O., S. 110.
303 Ebd., S. 111.
304 Ebd., S. 149.
305 Beauvoir an Sartre, 6. April 1947. In: Beauvoir: Briefe an Sartre. Bd. 2: 1940–1963, a. a. O., S. 445.
306 Vgl. Beauvoir an Sartre, 9. März 1947. In: Beauvoir: Briefe an Sartre. Bd. 2: 1940–1963, a. a. O., S. 420.
307 Beauvoir: Amerika Tag und Nacht, a. a. O., S. 369.
308 Ebd.
309 Beauvoir an Sartre, 6. April 1947. In: Beauvoir: Briefe an Sartre. Bd. 2: 1940–1963, a. a. O., S. 446.
310 Beauvoir: Amerika Tag und Nacht, a. a. O., S. 199.
311 Jean-Paul Sartre: Schwarzer Orpheus. In: Ders.: Schwarze und weiße Literatur. Aufsätze zur Literatur 1946–1960. Hg. und mit einem Nachwort von Traugott König. Übersetzung: Traugott König, Gilbert Strasmann und Elmar Tophoven. Reinbek b. Hamburg 1984, S. 45.
312 Ebd.

313 Vgl. dazu: Kirkpatrick: Simone de Beauvoir, a. a. O., S. 264.

314 Gunnar Myrdal: An American Dilemma. The Negro Problem and Modern Democracy. With Assistance of Richard Sterner and Arnold Rose. New York, London 1944, S. 669. [Übersetzungen aus Myrdal hier u. im Folgenden: der Verf.]

315 Vgl. dazu: Thomas Etzemüller: Die Romantik der Rationalität. Alva & Gunnar Myrdal. Social Engineering in Schweden. Bielefeld 2010.

316 Dazu Myrdal: An American Dilemma, a. a. O., S. 1040.

317 Ebd., S. 591.

318 Ebd., S. 1040.

319 William Edward Burghardt Du Bois: Die Seelen des schwarzen Volkes. Übersetzung: André Hoffman. Dinslaken 2022, S. 5.

320 Ebd., S. 6.

321 Myrdal: An American Dilemma, Einleitung, S. xlvii.

322 Ebd.

323 Beauvoir an Nelson Algren, 1. Dezember 1947. In: Beauvoir: Eine transatlantische Liebe, a. a. O., S. 163.

324 Beauvoir an Nelson Algren, 30. Dezember 1947. In: Beauvoir: Eine transatlantische Liebe, a. a. O., S. 194.

325 Myrdal: An American Dilemma, a. a. O., Appendix 5, S. 1073–1078.

326 Ebd., S. 1075.

327 Ebd.

328 Ebd., S. 1077.

329 Ebd.

330 Beauvoir an Nelson Algren, 1. Dezember 1947. In: Beauvoir: Eine transatlantische Liebe, a. a. O., S. 164.

331 Beauvoir: Amerika bei Tag und Nacht, a. a. O., S. 284.

332 Ebd.

333 Ebd.

334 Myrdal: An American Dilemma, a. a. O., S. 87.

335 Ebd., S. 232.

336 Stella Sandford: How to Read Beauvoir. London 2006, S. 49.

337 Vgl. Slavoj Žižek: Allegro moderato – Adagio. Fürchte deinen Nächsten wie dich selbst! In: Sandra Evans, Schamma Schahadat (Hg.): Nachbarschaft, Räume, Emotionen. Interdisziplinäre Beiträge zu einer sozialen Lebensform. Bielefeld 2012, S. 60.

338 Ebd.

339 Ebd.

340 Myrdal: An American Dilemma, a. a. O., S. 928.

341 Ebd., S. 929.

342 Vgl. dazu: Kendi: Gebrandmarkt, a.a.O., S. 319.
343 Beauvoir: Amerika Tag und Nacht, a.a.O., S. 340–341.
344 Ebd., S. 341.
345 Frantz Fanon: Schwarze Haut, weiße Masken. Übersetzung: Eva Moldenhauer. Wien, Berlin 2016, S. 10.
346 Christoph Kolumbus: Bordbuch. Mit einem Nachwort von Frauke Gewecke. Frankfurt/M. 2016, S. 44.
347 Ebd., S. 46.
348 Ebd., S. 46–47.
349 Ebd., S. 47.
350 Ebd., S. 51.
351 Ottmar Ette: Erfunden / Gefunden: Potsdamer Vorlesungen zur Entstehung Amerikas. Berlin 2022, S. 18.
352 Max Horkheimer und Theodor W. Adorno: Dialektik der Aufklärung. Philosophische Fragmente. In: Max Horkheimer: Gesammelte Schriften. Bd. 5: ›Dialektik der Aufklärung‹ und Schriften 1940–1950. Hg. von Gunzelin Schmid Noerr. Frankfurt/M. 1987, S. 148.
353 Ebd., S. 174.
354 Ebd., S. 166.
355 Ebd., S. 165.
356 Zum ersten Mal benutzt Adorno diesen Begriff in der »Dialektik der Aufklärung«, und zwar in der 1947 erschienenen Buchausgabe, in der Erstausgabe von 1944 sprach er noch von »Massenkultur«.
357 Theodor W. Adorno: Wissenschaftliche Erfahrungen in Amerika. In: Ders.: Stichworte. Kritische Modelle 2. Frankfurt/M. 1969, S. 113.
358 Ebd., S. 147.
359 Ebd., S. 145.
360 Adorno an die Eltern, 26. März 1942. In: Theodor W. Adorno: Briefe an die Eltern 1939–1951. Hg. von Christoph Gödde und Henri Lonitz. Frankfurt/M. 2003, S. 132.
361 Ebd., 2. Juli 1942, S. 156.
362 Theodor W. Adorno: Individuum und Staat. In: Ders.: Vermischte Schriften I: Theorien und Theoretiker, Gesellschaft, Unterricht, Politik. Frankfurt/M. 2003, S. 290–291.
363 Ebd., S. 291.
364 Adorno an Thomas Mann, 3. Juni 1950. In: Theodor W. Adorno / Thomas Mann: Briefwechsel 1943–1955. Hg. von Christoph Gödde und Thomas Sprecher. Frankfurt/M. 2002, S. 61.
365 Ebd., S. 62.

366 Vgl. hierzu Klaus Benesch: Heimkehr aus dem Land des Lächelns. Adorno und die deutsche Kultur der fünfziger Jahre. In: treibhaus. Jahrbuch für die Literatur der fünfziger Jahre. Amerika. Hg. von Günter Häntschel, Sven Hanuschek, Ulrike Leuschner. München 2023, S. 86 ff.

367 Anmerkungen des Herausgebers. In: Theodor W. Adorno: Vorträge 1949–1968. Hg. von Michael Schwarz. Berlin 2019, S. 638–639.

368 Theodor W. Adorno: Kultur und Culture. In: Ders.: Vorträge 1949–1968. Hg. von Michael Schwarz. Berlin 2019, S. 157.

369 Ebd., S. 159.

370 Ebd., S. 160.

371 Ebd., S. 159.

372 Claus Offe: Selbstbetrachtung aus der Ferne. Tocqueville, Weber und Adorno in den Vereinigten Staaten. Adorno-Vorlesungen 2003. Frankfurt/M. 2004, S. 116.

373 Adorno: Kultur und Culture, S. 161.

374 Ebd., S. 162.

375 Ebd.

376 Anmerkungen des Herausgebers. In: Theodor W. Adorno: Vorträge 1949–1968, a. a. O., S. 640.

377 Adorno: Kultur und Culture, a. a. O., S. 163.

378 Ebd., S. 164.

379 Ebd.

380 Ebd.

381 Jens-Christian Rabe spricht vom Pendeln zwischen »Lob und Tadeln«. In: Ders.: Keep Smiling. Zur Dialektik der Adorno Culture. In: Zeitschrift für Ideengeschichte, Heft XIII / 1, Frühjahr 2019, S. 49.

382 Adorno: Kultur und Culture, a. a. O., S. 164.

383 Ebd.

384 Ebd., S. 165.

385 Ebd.

386 David Riesman: Die einsame Masse. Eine Untersuchung der Wandlungen des amerikanischen Charakters. Mit einer Einführung in die deutsche Ausgabe von Helmut Schelsky. Reinbek b. Hamburg 1958, S. 137.

387 Ebd.

388 Ebd.

389 Adorno: Kultur und Culture, a. a. O., S. 165.

390 Ebd.

391 Ebd., S. 166.
392 Vgl. Benesch: Heimkehr aus dem Land des Lächelns, a. a. O., S. 89.
393 Adorno: Wissenschaftliche Erfahrungen in Amerika, a. a. O., S. 145.

— edition essay —

1
Heribert Tommek:
Flecken
Walter Höllerer und die Epiphanien der Moderne
190 Seiten

2
Simon Sahner:
Gegen die Fußgängermentalität
Deutsche Beat- und Undergroundliteratur
140 Seiten

3
Wolfgang Martynkewicz:
Amerika erzählen
Besuche in der Neuen Welt – von Satre bis Adorno
140 Seiten